Philosophie erzählt

Band 14

Rolf Gröschner | Wolfgang Mölkner

Hegel in Nürnberg

Zeugnisse der Lehre und Zeichen der Liebe
1808 bis 1816

VERLAG KARL ALBER

Veröffentlicht mit Unterstützung der Schulze-Fielitz-Stiftung Berlin.

© Titelbild: Zeichnung von Martin Turner, Nürnberg

Die Deutsche Nationalbibliothek verzeichnet diese Publikation in
der Deutschen Nationalbibliografie; detaillierte bibliografische
Daten sind im Internet über http://dnb.d-nb.de abrufbar.
ISBN 978-3-495-99300-2 (Print)
ISBN 978-3-495-99301-9 (ePDF)

Onlineversion
Nomos eLibrary

1. Auflage 2024
© Verlag Karl Alber – ein Verlag in der Nomos Verlagsgesellschaft mbH & Co. KG,
Baden-Baden 2024. Gesamtverantwortung für Druck und Herstellung bei der Nomos
Verlagsgesellschaft mbH & Co. KG. Alle Rechte, auch die des Nachdrucks von Auszügen, der fotomechanischen Wiedergabe und der Übersetzung, vorbehalten. Gedruckt
auf alterungsbeständigem Papier (säurefrei). Printed on acid-free paper.

Besuchen Sie uns im Internet
verlag-alber.de

Inhaltsverzeichnis

Vorwort 7

1. In der Schule Hegels 9

2. Vom Redakteur zum Rektor 29

3. Hegels Idee humanistischer Bildung 49

4. Diktate zur Dialektik der Vernunft 63

5. Unterricht im Denken der Freiheit 81

6. Liebesglück und Dialektik der Liebe 97

7. Höhenflüge des Weltgeists 119

8. Hegel im (Zerr-)Spiegel seiner Kritiker 135

9. Struktur statt System 143

Literatur 153

Vorwort

Von 1808 bis 1816 war Georg Wilhelm Friedrich Hegel Rektor des Nürnberger Egidien-Gymnasiums und Professor der »philosophischen Vorbereitungswissenschaften«.
1811 heiratete er Marie von Tucher. In der Glückserfahrung des »Wir« einer wechselseitigen Liebesbeziehung fand er den Widerstreit zwischen »Ich« und »Du« überwunden und seine Philosophie der dialektischen »Aufhebung« von Gegensätzen bestätigt.
So hat der Philosoph, Pädagoge und pater familias in Nürnberg Zeugnisse seines Denkens und Zeichen seiner Liebe hinterlassen.
Vor dem historischen Horizont dieser Hinterlassenschaft erzählen wir – als bekennende Nürnberger – Geschichten aus der Rektoratszeit Hegels, um möglichst unterhaltsam zum Mitdenken anzuregen.
Der philosophische Ernst, jene Zeit in Gedanken zu erfassen, ist in der literarischen Leichtigkeit der Erzählungen auch dort gut aufgehoben, wo es sich nicht um tatsächlich wahre, sondern um wahrheitsnah nachempfundene Geschichten handelt.
Das Wirken des Rektors und Professors am ersten humanistischen Gymnasium in Deutschland wird nach Breite, Höhe und Tiefe in drei Dimensionen dargestellt.
Die breite Basis bilden Briefe, Reden und Schriften aus der Nürnberger Zeit. Sie werden aber nicht isoliert betrachtet, sondern im Hinblick auf die spätere Idee eines »Fortschritts im Bewusstsein der Freiheit« um einen philosophischen Höhenflug in die Dimension des »Weltgeists« ergänzt.
In der Tiefendimension unserer Darstellung führen wir einen Dialog über die oft beklagte Schwierigkeit, Hegel zu verstehen. Wir laden dazu ein, bei ihm in die Schule zu gehen, nehmen die Einladung selbst an und setzen uns als virtuelle Schüler in den damaligen Klassenraum am Egidienberg.
Denn die im Unterricht diktierten Texte des Nürnberger Denklehrers sind originale Dokumente seiner »Anstrengung des Begriffs« und als solche die beste Einführung in ein System, das wir zunächst

so authentisch wie möglich zur Sprache bringen, dessen spekulativer Charakter uns am Ende aber doch kritikwürdig erscheint. In konstruktiver Kritik plädieren wir im letzten unserer neun Hegel-Kapitel für die Überwindung des Systemdenkens durch ein Denken in Strukturen.

Zitate wurden an die aktuelle Orthographie und Interpunktion angepasst.

Ulrike Ordon sei für ihr souveränes Lektorat herzlich gedankt. Für finanzielle Förderung gilt unser Dank der Schulze-Fielitz-Stiftung Berlin.

Nürnberg, am 4. Dezember 2023 Rolf Gröschner
und Wolfgang Mölkner

1. In der Schule Hegels

»Guten Morgen, Herr Rektor Hegel.«
»Guten Morgen, meine Herren. Setzen Sie sich.«
Pünktlich mit dem Läuten der Glocke um acht Uhr hatte Hegel den Klassenraum der Oberklasse am Nürnberger Egidien-Gymnasium betreten. Überrascht, mit »Herr« angesprochen zu werden, tauschten die Schüler verwunderte Blicke. Sie ahnten an diesem ersten Unterrichtstag ihres neuen Lehrers im Dezember des Jahres 1808 nicht, was in seiner Person auf sie zukommen sollte. Würde »der Neue« so kalt sein wie dieser Wintertag, sein Vortrag aber so klar?
»Ich bin, wie Sie wohl wissen, Rektor dieser Anstalt, wünsche aber nicht, im Unterricht mit Rektor angesprochen zu werden.«
Der vorwitzigste der acht Knaben hob den Arm.
»Ist es erlaubt, schon eine Frage zu stellen?«
»Nur zu!«, forderte Hegel ihn auf.
»Können Sie uns den Unterschied zwischen ›Rektor‹ und ›Professor‹ erklären, und wie lautet die korrekte Anrede im Unterricht?«
»Als Rektor übe ich das Amt des Schulleiters aus, als Professor bin ich Lehrer meiner Schüler. Im Unterricht werde ich mit ›Herr Professor Hegel‹ angeredet. Den Eigennamen wegzulassen, würde die Person so verachten, als würde ich ›Herr Schüler‹ zu Ihnen sagen.«
Die Eleven waren sichtlich beeindruckt.
»Wo ein Lehrer ist, müssen auch Schüler sein. Sie, meine Herren, sind in Ihrem Schülersein vollkommen gleich. Dennoch bleibt jeder von Ihnen eine einzelne Person und eine besondere Persönlichkeit. Indem ich Sie mit Ihrem Namen anrede, achte ich die Besonderheit Ihrer Persönlichkeit. Auf meinem Pult liegen acht Namensschilder bereit, die Sie möglichst geräuschlos hier abholen und sichtbar vor sich aufstellen.«
Der Hinweis auf die Geräuschlosigkeit war gut gemeint, scheiterte aber am Mobiliar und an den akustischen Bedingungen des kahlen

1. In der Schule Hegels

Klassenraumes. Um die eingeklemmte Position verlassen zu können, in der man auf der fest mit dem Pult verschraubten Bank saß, mussten die Schreibflächen hochgeklappt werden. Dabei quietschten die Scharniere; und beim Aufstehen, einer Pflichtübung für jeden aufgerufenen Schüler, klapperten die Holzleisten, auf denen die Bänke standen, um Schutz vor der Kälte des Fußbodens zu bieten – an diesem eisigen Morgen vergebens.

Kaum hatten die Schüler ihre Plätze wieder eingenommen, erblickte Hegel erneut einen erhobenen Arm. »Was ist Ihr Begehr, Herr ... Drehen Sie Ihr Schild bitte zu mir ... Herr Seebeck?«

»Herr Professor Hegel, wenn ich mich bei Ihnen im Rektoratszimmer darüber beschwere, dass unsere Schule über keine Abtritte verfügt und wir bei Bedarf die Häuser in der Nachbarschaft aufsuchen müssen, dann lautet die korrekte Anrede doch wohl ›Herr Rektor Hegel‹, oder?«

»Herr Seebeck, Sie haben bezüglich dieses Falles nicht nur recht mit der Anrede, sondern auch mit der Beschwerde. Aber ich habe bereits beschlossen, entsprechende Maßnahmen zu ergreifen, um hier die dringend nötige Abhilfe zu schaffen. So lange müssen Sie sich mit der Notlage abfinden.«

Die Schüler machten Anstalten, auf den Schreibpulten Beifall zu klopfen, doch Hegel deutete durch Handzeichen an, dass dies zu unterlassen sei. Gespannt waren acht Augenpaare auf ihn gerichtet, in der Erwartung, was folgen würde.

»Bevor wir mit dem Unterricht beginnen, nehmen Sie zur Kenntnis, dass der Stundenplan im Vorraum meines Amtszimmers aufgehängt ist. Er gilt ab dem heutigen Tag. Sie können ihn während der ersten Pause nacheinander abschreiben, wenn Sie sich geordnet hintereinander aufstellen.«

»Wie bei den Engländern«, hörte Hegel von hinten flüstern.

»Meine Herren der Oberklasse, nach meinem Eindruck, den Sie hoffentlich teilen, hat Herr Seebeck das Format eines Klassensprechers. Wären Sie bereit, das Amt zu übernehmen, wenn Sie von Ihren Mitschülern gewählt würden?«

»Die Wahl wäre eine Ehre für mich!«

»Gut. Dann bitte ich Herrn Lochner, eine Stunde, die ich später dafür frei gebe, zur Organisation der Wahl zu nutzen.«

1. In der Schule Hegels

»Herr Professor Hegel, wo waren Sie vor Nürnberg als Lehrer tätig?«

»Offensichtlich interessiert Herr Holzschuher sich für meine Qualifikation, ihm Unterricht zu erteilen. In Jena war ich Lehrer an der Universität. Nach der Habilitation hielt ich dort als Privatdozent Vorlesungen über verschiedene Gegenstände der Philosophie.«

Bevor Hegel fortfahren konnte, wurde er erneut durch eine Meldung unterbrochen. Er nickte auffordernd.

»Entschuldigung, Herr Professor Hegel: Das Fremdwort, das so klang wie ›Habitation‹, habe ich noch nie gehört.«

»›Habilitation‹ nennt man die Befähigung zur Lehre an der Hohen Schule einer Universität. Die Lehrbefugnis wird dann durch Ernennung zum Privatdozenten oder durch Berufung zum Professor erteilt.«

Herr Holzschuher meldete sich erneut: »Dürfen wir erfahren, wovon Ihre Habilation handelt?«

»Ich muss Sie korrigieren: Man sagt Habilitation. Das Wort leitet sich von dem lateinischen Verb ›habilitare‹ ab. Wer weiß, was dies auf Deutsch heißt?«

Ein blässlicher Kleiner in der letzten Bank meldete sich. Hegel ging näher auf ihn zu, um seinen Namen besser lesen zu können. »Nun, Herr Held?«

»Wenn ich mich recht entsinne, heißt es soviel wie ›befähigen, geeignet machen‹.«

»Sehr richtig. Herr Holzschuher wollte wissen, welches Problem meine Habilitation behandelt. Sie trägt einen lateinischen Titel, den jedoch jeder hier im Raume verstehen wird: Dissertatio Philosophica de orbitis planetarum. Herr Holzschuher kann jetzt zeigen, über welche habilitas er im Lateinischen verfügt.«

Der Angesprochene dachte einen Augenblick nach, dann übersetzte er Wort für Wort: »Philosophische Dissertation über die Umlaufbahnen der Planeten«.

Spontan reckten sich vier Arme in die Höhe. Hegel wollte den Unterrichtsbeginn nicht weiter verzögern lassen, gab aber bei so vielen gleichzeitigen Meldungen doch nach.

»Der Titel scheint interessierte Irritation zu erzeugen, wenn ich recht sehe. Herr Merkel war noch nicht an der Reihe.« Er nickte ihm auffordernd zu.

1. In der Schule Hegels

»Herr Professor Hegel, bei Ihrer Einführung am 5. Dezember wurden Sie uns von Herrn Kreisschulrat Dr. Paulus als Philosoph vorgestellt. Aus dem Titel schließe ich jedoch nicht auf eine philosophische Abhandlung, sondern auf die Erörterung eines kosmologischen Problems.«

»Er liegt mit seiner Interpretation nicht falsch, aber jetzt müssen wir doch mit dem eigentlichen Unterricht beginnen.«

Da Hegel in allseits enttäuschte Gesichter blickte, gab er sich einen Ruck und sagte: »Nur noch ein Wort dazu. Die Arbeit problematisiert das grundsätzliche Verhältnis von empirischer Naturwissenschaft und Naturphilosophie. Damit beenden wir dieses Thema.«

Hegel trat an das Lehrerpult, ordnete einige Schriftstücke, nahm eine Prise Schnupftabak, hustete, schöpfte Atem und begann in anderer Tonart als gerade zuvor. »Ich beginne den Unterricht gemäß dem heutigen Stundenplan in Philosophischer Enzyklopädie.«

Er ignorierte ein Handzeichen und gab bekannt: »Da Sie keine gesicherten philosophischen Vorkenntnisse haben, auf die ich zurückgreifen könnte, diktiere ich eingangs der Stunde entsprechende Paragraphen, die Sie mitschreiben und zuhause in Reinschrift übertragen. Während des Diktats wünsche ich nicht durch Fragen unterbrochen zu werden; eine Ausnahme ist zu machen, wenn Sie nicht folgen können. Ich werde jedoch langsam diktieren. Wenn Sie dabei mitdenken und sich zu eigenen Gedanken anregen lassen, haben Sie eine gute Grundlage für die Erklärung des Stoffes im Anschluss. Zur Hausaufgabe gehört zudem, dass Sie den wesentlichen Gedanken der Stunde mit eigenen Worten zusammenfassen. Zu Beginn der folgenden Unterrichtsstunde wird stets jemand von Ihnen die Zusammenfassung vortragen.«

Während dieser Ansage hatte Hegel den Klassenraum durchmessen. Nun schritt er zurück zum Pult, warf einen kurzen Blick auf sein Manuskript und hob die Stimme:

»Schreiben Sie: Das Ganze der Wissenschaft teilt sich in die drei Hauptteile: die Logik, die Wissenschaft der Natur, die Wissenschaft des Geistes. Die Logik ist nämlich die Wissenschaft der reinen Begriffe und der abstrakten Idee. Natur und Geist macht die Realität der Idee aus, jene als äußerliches Dasein, dieser als sich wissend. Oder: das Logische ist das ewig einfache Wesen an sich selbst; die Natur ist dieses Wesen als entäußert; der Geist die Rückkehr desselben in sich aus seiner Entäußerung.«

1. In der Schule Hegels

»Herr Professor, ich komme beim besten Willen nicht mit. Könnten Sie den letzten Satz noch einmal wiederholen?«

Hegel kam ohne zu zögern der Bitte nach. Als sich die Köpfe erhoben, wollte er sein Diktat fortsetzen, doch er wurde von Scheurl davon abgehalten.

»Gestatten Sie eine Nachfrage, Herr Professor Hegel?«

»Nur zu, Herr Scheurl!«

»Wenn ich richtig verstanden habe, gehören die Idee und die reinen Begriffe zusammen. Und wenn die Idee nicht nur abstrakt für sich bleibt, dann wird sie einerseits in der Natur und im Geist wirklich. Meinen Sie mit dem letzteren unseren Geist?«

Hegel überlegte, wie er antworten sollte. Dann sagte er: »Wir unterscheiden unseren subjektiven Geist vom objektiven Geist, wie er in der Wirklichkeit wirkt.«

Scheurl schien damit zufrieden, denn er notierte Hegels Antwort.

»Wenn keine weiteren Fragen vorliegen, setze ich fort. Wir betrachten zuerst die drei Seiten des Logischen. Notieren Sie: 1. Die abstrakte oder verständige Seite, 2. Die dialektische oder negativ vernünftige, 3. Die spekulative oder positiv vernünftige.«

An dieser Stelle pausierte er kurz, bis alle geendigt hatten.

»Weiterhin: Das Verständige bleibt bei den Begriffen in ihrer festen Bestimmtheit und Unterschiedenheit von anderen stehen. Das Dialektische hingegen zeigt sie in ihrem Übergehen und in ihrer Auflösung auf, man sagt auch in ihrem antinomischen Verhältnis; erst das Spekulative oder Vernünftige erfasst ihre Einheit in ihrer Entgegensetzung.«

Wiederum wurde das Diktat unterbrochen.

»Die Logik in unserem Verständnis ist keine bloß formelle Wissenschaft, sondern sie ist an sich selbst spekulative Philosophie, denn die spekulative Betrachtungsart der Dinge ist nichts anderes, als die Betrachtung des Wesens der Dinge.« Es folgte erneut eine Pause.

»Ich komme nun zur Erklärung, die Sie nicht mitzuschreiben haben. Mit der spekulativen Betrachtungsweise erfassen wir das Wesen und die Wahrheit der Dinge im Gegensatz zur sogenannten kritischen Philosophie Kants, die nur bei den Erscheinungen der Dinge verharrte, was bedeutet, dass das Ding an sich unerkennbar bleibt. Dies aber ist der Standpunkt des endlichen, subjektiven Wissens, über den man jedoch hinausgehen muss zum absoluten Wissen,

1. In der Schule Hegels

in dem das Subjektive mit dem Objektiven in ihrer Einheit erfasst wird.«

Lochner meldete sich für eine Frage: »Herr Professor, dann ist Ihre spekulative Philosophie der kritischen Philosophie überlegen. An welcher Stelle kommt Ihre eigene Kritik zur Geltung?

»Dies ist eine sehr gute Frage, Herr Lochner. Das Kritische in der Spekulation übernimmt die Dialektik, welche die Widersprüche des Verstandes aufspürt, sie aber nicht so stehen lässt, sondern sie auflöst, indem sie in eine höhere Einheit überführt werden.«

»Wir werden dies gleich an einem sehr wichtigen Moment erkennen. Es geht um die Frage des absoluten Anfangs von allem. Notieren Sie: Der Anfang der Wissenschaft ist der unmittelbare, bestimmungslose Begriff des Seins. Ich betone: Begriff des Seins. Das reine Sein hat hier keinerlei Inhalt und ist deshalb völlig leer. Dieser Begriff besagt in seiner Inhaltslosigkeit so viel, als das Nichts.« Hegel unterbrach, bis alle Köpfe sich erhoben hatten.

»Das Nichts als ein Denken jener Leerheit, ist somit umgekehrt selbst das Sein und um seiner Reinheit willen dasselbe, was jenes.«

»Herr Professor Hegel«, rief Merkel ungehalten, »bei Parmenides habe ich gelesen: »Sein ist, Nichtsein ist nicht. Sein und Nichts können doch nicht dasselbe sein. Das besagt doch schon der Satz vom Widerspruch.«

»Sie denken gut mit, Herr Merkel«, lobte Hegel. »Diese Ansicht ist durchaus richtig, wenn man das Sein und das Nichts inhaltlich unterscheidet. Aber den Anfang der Wissenschaft macht das völlig Unmittelbare, Unbestimmte aus; das reine Sein und das reine Nichts. Und in diesem abstrakten Begriff geht das Sein in das Nichts über und dieser Übergang ist das reine Werden.«

Hegel bemerkte, wie die Köpfe rauchten, und er vernahm schweres Atmen mancher seiner Schüler. Dem Denklehrer war durchaus klar, dass er damit seinen Schülern das Unmögliche abverlangte. Dies gesteht er später in der »Enzyklopädie der philosophischen Wissenschaften«. Dort heißt es: »Der Satz ›Sein und Nichts ist dasselbe‹ erscheint für die Vorstellung oder den Verstand als ein so paradoxer Satz, dass sie ihn vielleicht nicht für ernstlich gemeint hält. In der Tat ist er auch von dem Härtesten, was das Denken sich zumutet.«

Diese Zumutung hielt Hegel durchaus für gerechtfertigt. In dem Gutachten: »Über den Vortrag der Philosophie auf Gymnasien«

1. In der Schule Hegels

(1812) schreibt er: »Was den Vortrag der Philosophie auf Gymnasien betrifft, so ist erstens die abstrakte Form zunächst die Hauptsache. Der Jugend muss zuerst das Sehen und Hören vergehen, sie muss vom konkreten Vorstellen abgezogen, in die innere Nacht der Seele zurückgebogen werden, auf diesem Boden sehen, Bestimmungen festhalten und unterscheiden lernen. ... Es ist ein völliger Irrtum ... beim konkreten Sinnlichen anfangenden und zum Gedanken fortgehenden Weg für den leichteren zu halten. Er ist im Gegenteil der schwerere; ... Weil das Abstrakte das Einfachere ist, ist es leichter aufzufassen. ... Das Abstrakte ist als solches verständlich genug, so viel nötig ist; der rechte Verstand soll ja überdies erst durch die Philosophie hineinkommen.«

Nachdem Hegel noch einige Erklärungen zu seinem Diktat gegeben hatte, ließ er sich von Schüler Meindl dessen Notizen vorlesen, um zu erfahren, ob und wie seine eigenen Erklärungen des Diktierten aufgenommen wurden.

»Herr Meindl, lesen Sie Ihre Zusammenfassung meiner Erklärungen vor!«

Meindl errötete leicht, dann begann er zuerst mit leiser Stimme, dann jedoch immer heftiger: »Die drei Seiten des Logischen sind keine besonderen Teile, wie man dies traditionell verstand, sondern Momente. Diese drei Seiten kommen an jedem Gegenstand vor. Alle Begriffe müssen so betrachtet werden. Jeder logische Gegenstand hat diese drei Momente an sich. Der Verstand ist das Festhalten am Unterschied, um den Unterschied genau aufzufassen. Das Dialektische fasst die Dinge in ihrem Übergehen auf. Die Dialektik zeigt von etwas auf, dass es sich widerspricht. Schließlich ist alles Bestimmte und Endliche dialektisch, alles Bestimmte und Endliche ist negativ, es hat seine Beziehung auf Anderes, es ist ein Übergehen in Anderes. Das Dialektische geht also über das Verständige hinaus, der gesunde Menschenverstand nimmt an, eines sei wahr, das andere nur ein Schein. Das Spekulative oder positiv Vernünftige erfasst ihre Einheit in ihrer Entgegensetzung. Im Resultate des Dialektischen ist der Widerspruch und die widersprechenden Bestimmungen in Einem. Das Positive ist dann die Einheit dieser beiden Bestimmungen. Alles Spekulative besteht darin, dass man eine Einheit in dem Entgegengesetzten findet. Das ist diese Anstrengung, zu der sich das Denken emporheben muss. Das Spekulative allein erkennt das Ganze, weil

1. In der Schule Hegels

die Vernunft in einem auch das andere hat. Die spekulative Seite betrachtet alles in seinem Werden.«

Hegel war sichtlich erfreut über das Ergebnis seines Unterrichts. »Vorbildlich, Herr Meindl!«, war aber sein einziger Kommentar.

»Wir beginnen nun mit dem zweiten Abschnitt, der Subjektiven Logik. Sie handelt vom Begriff:

Der Begriff hat die Momente der Allgemeinheit, der Besonderheit und der Einzelheit. Der Schluss ist die Darstellung des Begriffs in seinen Momenten.«

Hier setzte er ab und wartete, bis ihn alle anblickten. »Weiter: Einzelheit, Besonderheit und Allgemeinheit sind darinnen sowohl als Momente unterschieden, als auch die Extreme durch die Mitte, die ihre Einheit ist, zusammengeschlossen. Die Form des Schlusses E – B – A ist die allgemeine Regel der Subsumtion eines bestimmten Inhalts unter eine allgemeine Bestimmung.«

An dieser Stelle wurde Hegel mit dem gebotenen Respekt unterbrochen.

»Herr Professor Hegel, würden Sie uns bitte eine Pause bewilligen, in der wir diese neuen Begriffe diskutieren können?«

»Herr Seebeck, wenn der designierte Klassensprecher diesen Wunsch im Namen der ganzen Klasse äußert, wird er selbstverständlich erfüllt. Diskutieren Sie die Logik der Subsumtion in der Pause an verschiedenen Beispielen aus den Wissenschaften der Natur und des Geistes.«

Bevor die Schüler sich anschicken, den Klassenraum zu verlassen, ermahnte Hegel sie, die Zeit auch zu nutzen, den Stundenplan abzuschreiben.

In den gedruckten Berichten über Hegels Unterrichtsgegenstände heißt es für die Oberklasse: »Philosophische Vorbereitungswissenschaften. Vier Stunden wöchentlich. Lehrer: Professor und Rektor Hegel. Das Pensum dieser Klasse hierin war Einleitung in die Kenntnis des philosophischen Zusammenhangs der Wissenschaften; davon wurde die Logik ... am ausführlichsten abgehandelt.«

Acht Schüler drängten nach draußen. Zwei von ihnen entfernten sich wegen eines dringenden Bedürfnisses. Auf Lochners Frage nach dem ersten Eindruck war die allgemeine Reaktion positiv. Mehrfach war aber die Rede von »schwer zu verstehenden Begriffen«.

»Ich schlage als Beispiel für die Subsumtion eines Einzelnen unter das Besondere und Allgemeine eine geometrische Figur mit drei

Ecken vor. Wenn die Besonderheit in drei 60-Grad-Winkeln besteht, ist das Allgemeine ein gleichseitiges Dreieck.«

»Meinst du nicht, dass das Allgemeine ein Dreieck sein müsste und das Besondere die drei gleichen Winkel und Seiten?«

Dieser Einwand des Klassenältesten Philipp Scheurl wurde von den meisten mit Zustimmung beantwortet. Scheurl seinerseits schlug vor, eine rote Blüte mit einem besonderen Duft und einer charakteristischen Form durch Subsumtion unter den Allgemeinbegriff der Rose als solche zu identifizieren.

Hegel, der einige Male vor der Schule auf und ab gegangen war, rief seinen Schülern zu: »Meine Herren, der Unterricht wird fortgesetzt.« Auch die beiden »Abtrittigen« waren wieder zurück.

»Schreiben Sie zum vollen Verständnis des Vorgangs der Subsumtion noch auf: Das Allgemeine inhäriert dem Besonderen und Einzelnen, dagegen es das Besondere und Einzelne unter sich subsumiert.«

»Herr Professor Hegel, darf ich ein Beispiel aus der Geometrie bringen?«

»Bitte, Herr Scheurl.«

»Bei einem gleichseitigen Dreieck ist das Besondere nicht nur die Gleichheit der Seiten, sondern nach der geometrischen Logik der Winkelsumme im Dreieck auch die Gleichheit der Winkel. Das Einzelne ist ›dieses‹ gleichseitige Dreieck mit seiner konkreten Seitenlänge, das Allgemeine ›das Dreieck‹ als abstrakte Figur ohne konkrete Seitenlänge.«

Hegel nickte nur. Obwohl er sehr zufrieden mit dem Erfolg seiner ersten Unterrichtsstunde war, hielt er es für klüger, am Anfang mit Lob zurückhaltend umzugehen.

Der Kleinste schnippste mit den Fingern. »Bitte, Herr Held!« »Ich habe noch nicht verstanden, warum wir das Besondere brauchen. Können wir nicht einfach das Einzelne unter das Allgemeine subsumieren? Wenn ich hier auf dieses Blatt Papier ein Dreieck zeichne, das so aussieht – er zeigte ein rechtwinkliges Dreieck herum –, dann erfolgt doch eine unmittelbare Unterordnung dieser von mir gezeichneten einzelnen geometrischen Figur unter den Allgemeinbegriff Dreieck, oder nicht?«

»Das ist eine logisch wirklich weiterführende Frage. Wer hat eine Antwort darauf – Herr von Grundherr?«

1. In der Schule Hegels

»Was du herumgezeigt hast, ist zwar ein einzelnes Dreieck, seine Besonderheit besteht aber in einem 90-Grad-Winkel, mit dem dann logischerweise zwei 45-Grad-Winkel korrespondieren. Wenn unser Allgemeinbegriff »Dreieck« nur alle denkbaren Figuren mit drei Ecken erfasst, aber von Besonderheiten wie verschiedenen Winkeln absieht, ist es ein äußerst abstrakter Begriff, der entsprechend inhaltsleer ist.«

»Ihre Antwort könnte man fast drucken lassen: Sie entspricht der Unterscheidung zwischen abstrakt-allgemeinen und konkret-allgemeinen Begriffen, die wir in der Lehre vom logischen Schließen vertiefen werden. Wir werden das Fehlurteil korrigieren, dass »abstraktes Denken« die Denkweise der Gebildeten sei. Richtig ist vielmehr, dass Bildung konkretes Denken in konkret-allgemeinen Begriffen verlangt.«

Es folgten noch einige Diktate, bis die Uhr die zweite Pause verlangte.

»Meine Herren, nach der Pause wählen Sie ihren Klassensprecher. Ich erwarte Ihre Rückmeldung im Rektoratszimmer.«

Erwartungsgemäß wurde Moritz Seebeck gewählt.

Als letztes Fach des ersten Unterrichtstages stand Religionslehre auf dem Stundenplan. Mehr als zwei Paragraphen konnte Hegel nicht diktieren, weil diese für lange Diskussionen sorgten:

„§ 1 Gott ist: 1. das Sein in allem Sein, das einfache Erste und Unmittelbare. Dies Sein ist nur die Abstraktion von aller Bestimmtheit, das Unbestimmte, Bewegungslose. § 2 2. Das Sein ist Wesen. Das reine Sein ist nämlich nicht die äußerliche Negation aller Bestimmtheit, sondern es ist an ihm selbst das Einfache, die negative Beziehung auf sich.«

Kaum hatten sie die beiden Paragraphen aufgeschrieben, meldete sich von Grundherr mit heftigem Winken. Hegel forderte ihn auf, sich zu äußern.

»Herr Professor Hegel. Ich bin reichlich verwirrt. Was Sie über Gott sagen, gleicht dem von der Logik Gesagten fast in identischer Weise.« Er blätterte in seinen Aufzeichnungen und zitierte aus den Diktaten zur Logik. Dann hatte er die Stelle gefunden und deklamierte: ›Das reine Sein ist das völlig Unmittelbare und Unbestimmte.‹ Dasselbe sagen Sie jetzt von Gott. ›Gott ist das Sein, das Einfache erste und Unmittelbare‹. Ich frage mich, wo ist dann der Unterschied zwischen Logik und Gott bzw. Religion?« Die letzte Äußerung klang fast schon verzweifelt.

Bevor Hegel antworten konnte, erinnerte er sich an sein Diktat in der Unterklasse und welche Reaktion dieses bei seinen Schülern auslöste. Dort hatte er in der ersten Stunde diktiert, was er nun in der Oberklasse wiederholte: »Gott ist der absolute Geist, d. h. er ist das reine Wesen, das sich zum Gegenstande macht, aber darin nur sich selbst anschaut.«

Nach diesem Satz warf sich Johannes Meindl, Sohn des Pfarrers der Kirchengemeinde Sankt Sebald, mit besonderer Leidenschaft und einer fast verbissenen Verärgerung in die Diskussion. Er kritisierte mit erstaunlichem Selbstbewusstsein, »Professor Hegels Gottesbegriff« sei eher »eine Gotteslästerung«, weil er »weder die göttliche Schöpferkraft noch die Dreieinigkeit von Gottvater, Gottsohn und Heiligem Geist« enthalte.

W (Wolfgang Mölkner) Im Vorwort haben wir einen Dialog über die Schwierigkeit angekündigt, Hegel zu verstehen. Ich denke, das wahrheitsgemäß wiedergegebene Diktat zum Gottesbegriff aus der Religionslehre für die Unterklasse gibt ebenso Veranlassung, diesen Dialog jetzt zu beginnen wie die wahrheitsnah erfundene Kritik des Pfarrerssohnes.

R (Rolf Gröschner) Unbedingt. Denn der »absolute Geist«, dessen Verständnis Hegel seinen Schülern mit dem diktierten Text zumutet, stellt den höchsten Begriff seiner gesamten dialektischen Philosophie dar. Er wird uns bis zum letzten Kapitel beschäftigen. Für ein erstes und noch ziemlich vages Vorverständnis folgen wir Hegels originaler Gleichsetzung von »absolut« und »an und für sich«.

W Ob Hegels Schüler »Ananas und Pfirsich« als Erinnerungshilfe für »an und für sich« verwendet haben, wissen wir nicht. Wir wagen aber die Behauptung, es könnte so gewesen sein.

R In dieser Behauptung zeigt sich unser Rollenverständnis als Kommentatoren des Geschehens in der Schule Hegels. Wir versetzen uns in die Lage der Schüler und tun so, als ob wir – unsichtbar – selbst dabei gewesen wären. So entstehen Erzählungen wie die von »Ananas und Pfirsich« als Schülerwort für »an und für sich«.

W »An und für sich« ist Schleiermachers Übersetzung des Platonischen »auto kat' hauto« – was wörtlich so viel wie »selbst sich selbst gemäß« heißt. Was das bei Platon genau bedeutet, brauchen

1. In der Schule Hegels

wir hier nicht zu diskutieren. Berühmt geworden ist auch nicht Schleiermachers Übersetzung, sondern die Bedeutung, die Hegel dem »An-und-für-sich-Sein« gegeben hat.

R Nach der Gewöhnung an das Denken auf ein dialektisches Ganzes hin sollten wir dann auch in der Lage sein, Hegels philosophischen Gottesbegriff von religiösen Begriffen eines Gottes der Juden, Christen oder Muslime zu unterscheiden. Dazu vorläufig nur ein Zitat aus der Religionslehre für die Mittel- und Oberklasse:

»Der einfache Begriff vom Wesen Gottes, welcher der Religion zugrunde liegt, ist gestaltlos. Die Fortbildung der Religion besteht darin, das Göttliche Wesen in seiner realen Gestalt zu erkennen; diese aber ist Gott als Geist.«

W Ganz analog werden wir erst im Verlauf unserer Gespräche die Flügel des Weltgeistes kennenlernen, der im philosophisch begriffenen – nicht etwa historisch beschriebenen – Gang der Geschichte zum absoluten Wissen seiner selbst gelangt. Die Analogie besteht darin, dass Hegel »Geschichte« nicht historisch und »Religion« nicht theologisch begreift, sondern beide philosophisch.

R Was die Religionslehre betrifft, enthalten die Nürnberger Schriften nicht nur jene schwergewichtigen Sätze über das Sein Gottes, die Hegel diktierte, sondern auch stichwortartige Notizen, die er mit einer gewissen Leichtigkeit vortrug. Wir nutzen diese Notizen, um die Gespräche zu rekonstruieren, die wir als virtuelle Schüler miterlebt haben.

»Meine Herren, Gott ist zunächst ein Name, der eine Vorstellung des religiösen Gefühls zum Ausdruck bringt. Von diesem Vorstellungswort zum philosophischen Begriff ist es ein anstrengender Weg. Sie wissen ja bereits, dass Philosophie ohne Anstrengung des Begriffs nicht zu haben ist.«

»Würden Sie das religiöse Gefühl allen Menschen zusprechen oder nur den frommen?«, fragte Held dazwischen.

»Es gibt zwei Weisen der Erhebung zu Gott, die negative und die positive: Die Leidenden und Unglücklichen fliehen zu Gott aus der Welt des Elends und der Schlechtigkeit, während die positive Erhebung aus Dankbarkeit erfolgt. Entscheidend ist, dass es ein religiöses Bedürfnis des Menschen gibt, das auf dem Gefühl der Nichtigkeit des zeitlichen Weltwesens beruht.«

1. In der Schule Hegels

»Herr Meindl, wollten Sie sich mit Ihrer Armbewegung zu Wort melden?«

»Nein. Jetzt nutze ich aber die Gelegenheit, um nach Ihrem Begriff Gottes zu fragen, der mir immer noch schwer im Magen liegt.«

»Gott ist das unendliche Wesen, das reine Leben in allem Leben, der reine Geist in allem Geist. Sein Wesen ist das Wirkliche selbst, nicht die Idee von einem Ding der Vorstellung oder Einbildung. Gottes Dasein erkennen heißt, das Unendliche, das Ewige, das Vernünftige darin erkennen.«

»Heißt das auch: das Schöpferische im Dasein Gottes zu erkennen?«, hakte Meindl nach.

»Die schöpferische Macht des absoluten Geistes Gottes besteht darin, dass er an und für sich ist und so seine Substanz als das Andere seiner selbst bestimmen kann.«

Unruhe verbreitete sich im Klassenzimmer. Merkel machte sich zu ihrem Sprecher: »Herr Professor Hegel, wir kennen die drei Stufen der dialektischen Aufhebung, haben aber Schwierigkeiten, sie auf den Geist Gottes anzuwenden. Welche Rolle spielt die Religion für diese Anwendung?«

»Die Religion ist die Art und Weise, wie der Mensch sich des göttlichen Wesens bewusst wird. Die einfache Religion ist die Verehrung Gottes als bildliches Wesen, die Religion der Kunst gestaltet das göttliche Wesen für die Vorstellung und die geistige Religion enthält die Versöhnung der Welt mit Gott. Das Werden und der Zusammenhang der bewusstlosen Natur wird als göttliches Tun oder als göttliches Abbild der Natur des Geistes aber nur in der Philosophie erkannt.«

W Die Schulglocke erlöste die acht Schüler von ihrem Leiden an der Religionslehre Hegels. Wir werden dieses Leiden verfolgen und am Ende zu einer Kritik der spekulativen Philosophie verarbeiten.

Der nächste Schultag begann mit einer überraschenden Frage Philipp Scheurls: »Herr Professor Hegel, mein Vater hat mir gestern einen Artikel von Ihnen zu lesen gegeben, der vor einem Jahr im ›Morgenblatt für gebildete Stände‹ erschienen ist. Er trägt den Titel ›Wer denkt abstrakt?‹ und ich finde ihn ziemlich witzig, fürchte aber, nicht alles verstanden zu haben.«

»Herr Scheurl, wenn Sie ›witzig‹ wie im französischen Sprachgebrauch verstehen, nehme ich das als Kompliment. Denn dann be-

1. In der Schule Hegels

scheinigen Sie dem Zeitungsbeitrag Witz im Sinne von ›esprit‹ und ›Geist‹ darf in einem Blatt für Gebildete ja wohl erwartet werden.«

»Könnten wir Ihre Kritik am abstrakten Denken der Ungebildeten nicht im Logik-Unterricht besprechen? Ich würde den Artikel mitbringen und die zentralen Stellen vorlesen.«

»Wie finden die anderen Herren den Scheurl'schen Vorschlag? Wer ist dagegen?«

Niemand meldete sich. Hegel brummte ein paar unverständliche Laute auf Schwäbisch und verkündete dann: »Morgen behandeln wir in der ersten Stunde das Verhältnis von abstraktem und konkretem Denken.«

Die Holztreppen, die zu seiner Wohnung im Obergeschoss des Schulgebäudes am Egidienberg führten, knarrten wie üblich unter Hegels schweren Schritten. Er war es inzwischen gewohnt, etwas außer Atem zu geraten, freute sich aber, niemandem Rechenschaft darüber schuldig zu sein.

In seinem Arbeitszimmer, das nach Süden gelegen der hellste Raum in der Wohnung war, suchte er das Morgenblatt vom 1. September 1807. Dort war sein Artikel – den er noch in Bamberg geschrieben hatte – erschienen. Er schmunzelte, als er die Anspielungen las, die er in den ersten 15 Zeilen untergebracht hatte: Adressat des Aufsatzes sei »die gute Gesellschaft« und in ihr vor allem »die schöne Welt« eines gebildeten Damenpublikums. Ob seine Schüler das am nächsten Tag bemerken würden? Die Stilform »einer leichten Conversation« hatte ihren Grund ebenso in diesem Adressatenkreis wie die französischen Zitate: »Sauve qui peut«, »Espèce« oder »Porte d'épée«.

Zufrieden war er auch mit seiner Formulierung der »Absicht«, »die schöne Welt mit sich selbst ... zu versöhnen«, nämlich darüber, dass sie »vor dem abstrakten Denken als vor etwas Hohem einen gewissen Respekt wenigstens innerlich hat, und davon wegsieht, nicht weil es ihr zu gering, sondern weil es ihr zu hoch, nicht weil es zu gemein, sondern zu vornehm ... zu sein scheint«. Die Zufriedenheit steigerte sich, als er die Antwort auf die Titelfrage las, die er in einem elliptischen Satz gebündelt hatte, der sich durch seine Schlichtheit und Prägnanz von den vorhergehenden verschachtelten Sätzen deutlich abhob: »Wer denkt abstrakt? Der ungebildete Mensch, nicht der gebildete.«

1. In der Schule Hegels

Der Logik-Unterricht begann am nächsten Morgen mit einer kurzen Wiederholung des bisher behandelten Stoffes. »Herr Held, fassen Sie bitte die Logik der Subsumtion in zwei Sätzen zusammen!«

»Subsumieren heißt, eine einzelne Erscheinung aufgrund besonderer Merkmale einem allgemeinen Begriff unterzuordnen. Mein Beispiel dafür ist die Subsumtion einer gelben, sauer schmeckenden Frucht unter den Begriff der Zitrone.«

»Das Beispiel findet meinen Gefallen, auch wenn die Säure nicht allen schmeckt. Herr Scheurl, was ist das Hauptanliegen des Aufsatzes, den Sie uns vorstellen wollen?«

»Der Nachweis, dass abstraktes Denken bei den Ungebildeten deutlich verbreiteter ist als bei den Gebildeten. Das erste Beispiel dafür ist ein zur Richtstätte geführter Mörder, der dem abstrakt denkenden ›gemeinen Volke ... nichts weiter als ein Mörder‹ ist. Konkret denkt nur das alte ›Spitalweib‹, das neben der ›einfachen Qualität‹ des Mörderseins das ›übrige menschliche Wesen an ihm‹ nicht übersieht.«

»Schön, Herr Scheurl. Würden Sie uns bitte das Beispiel der Marktfrau vorlesen, das wir anschließend diskutieren wollen.«

»Alte, ihre Eier sind faul, sagt die Einkäuferin zur Hökersfrau! Was, entgegnet diese, meine Eier faul? Sie mag mir faul sein! Sie soll mir das von meinen Eiern sagen? Sie? Haben ihren Vater nicht die Läuse an der Landstraße aufgefressen, ist nicht ihre Mutter mit den Franzosen fortgelaufen, und ihre Großmutter im Spital gestorben – Schaff sie sich für ihr Flitterhalstuch ein ganzes Hemde an; man weiß wohl, woher sie dies Halstuch und ihre Mützen her hat; wenn die Offiziere nicht wären, wär itzt manche nicht so geputzt ... Flick sie sich nur auch die Löcher in den Strümpfen.«

»Dann übernehme ich nun selbst die Rolle des Vorlesers«, ordnete Hegel an. »Es kommt auf jedes Wort an: ›Die Hökersfrau lässt keinen guten Faden an der Einkäuferin. Sie denkt abstrakt und subsumiert sie nach Halstuch, Mütze, Hemd u.s.f. ... auch nach Vater und der ganzen Sippschaft, ganz allein unter das Verbrechen, dass sie die Eier faul gefunden hat.«

Scheurl meldete sich: »Herr Professor Hegel, das ist die Stelle, an der ich mir nicht sicher war: Worin besteht das fehlerhafte abstrakte Denken der ungebildeten Markt- oder Hökersfrau?«

»Wer hilft Herrn Scheurl weiter?« Ein Schüler, der sich bisher nur ein einziges Mal beteiligt hatte, nämlich als Verteidiger des christlichen Gottesbegriffs, stand auf und bat darum, an die Tafel gehen zu dürfen. »Bitte, Herr Meindl!«

»Das große A hier oben steht für das Allgemeine, das B darunter für das Besondere und das E ganz unten für das Einzelne. Das zu subsumierende Einzelne oder das Subjekt der Subsumtion ist die Einkäuferin, die sich durch ihre Aussage ›Alte, ihre Eier sind faul‹ selbst in diese Subjektstellung befördert hat. Das Besondere als ›Mitte‹ des Subsumtionsschlusses wird aus Halstuch, Mütze, Hemd, Vater, Großmutter et cetera entnommen. Und das Allgemeine ist das im Subsumtionsschluss zu vergebende Prädikat oder das, worunter subsumiert wird.«

»Exakt dargestellt, Herr Meindl. Wo liegt nun der logische Fehler in der Subsumtion der Hökersfrau?«

»Im abstrakten Denken: Sie sieht bei der Bestimmung des Allgemeinen von allen Besonderheiten der Einkäuferin ab und verhält sich genauso wie im Mörderbeispiel: Sie sieht nicht das Ganze der Person, sondern nur einen Aspekt und reduziert die Person darauf. Der Mörder ist nur noch Mörder, die Einkäuferin nur noch die ›Verbrecherin‹ des Vorwurfs fauler Eier.«

»Sehr einverstanden. Meine Herren, die Quintessenz des Zeitschriftenbeitrags besteht in folgendem: ›Gebildet‹ im Sinne der Fähigkeit zu ›konkretem‹ Denken sind nicht schon diejenigen, die nach Rang und Stand zu den ›gebildeten Kreisen‹ gehören, sondern erst diejenigen, die so vernünftig sind, Abstraktionen als Einseitigkeiten zu erkennen und die verschiedenen Seiten eines Phänomens zusammenzudenken oder im philosophischen Denken auf einen ›konkreten Begriff‹ zu bringen.«

»Schreiben Sie dazu bitte folgenden Merksatz auf: Abstrakte Bestimmungen nehmen in den Begriff nur das Moment der Allgemeinheit auf und lassen die Momente der Besonderheit und Einzelheit weg; damit abstrahieren sie gerade vom Begriff, in dem die drei Momente in ihrer Gegensätzlichkeit aufgehoben sind.«

R Hier wird die Schwierigkeit, Hegel zu verstehen, buchstäblich begreifbar: Seine drei Momente des »konkreten Begriffs« verlangen die Verabschiedung der gängigen Vorstellung einer schlicht dualistischen Subsumierbarkeit von Einzelerscheinungen unter Allgemeinbegriffe.

W Eine quasi automatische Unterordnung von Einzelnem unter Allgemeines kann nur bei eindeutig bestimmten Klassifikationsbegriffen erfolgen wie im Falle zoologischer oder botanischer Begriffe, die eine Klassenzugehörigkeit nach Gattung und Art definieren.

R Ein Pudel gehört aufgrund einer solchen Automatik in die Gattung der Hunde, eine Birke in die der Laubbäume. Menschen sind aber Individuen mit individuellen Besonderheiten, die sich einer »taxonomischen« Klassifikation wie in der Zoologie oder Botanik widersetzen.

W Die »konkreten Begriffe« Hegels sind in der aktuellen Sprachphilosophie zu »Inferenzbegriffen« geworden, in die wir unsere Erfahrungen hineintragen – »infero: ich trage hinein« –, indem wir sie typisierend gebrauchen. Sie sind sozusagen Einträge im Wörterbuch unserer Erfahrungen.

R Die in den Inferenzbegriffen nachwirkende Leistung Hegels besteht darin, das Besondere als drittes Moment in die »Mitte« der Subsumtion gerückt und in den Mittelpunkt der Begriffslehre gestellt zu haben.

W Zur philosophiegeschichtlichen Bedeutung des »Besonderen« schreibt der renommierte Hegelforscher Pirmin Stekeler-Weithofer: Es bestehe in der berechtigten Kritik an »einer zu flachen Auffassung der Wissenschaft, die das Begriffliche wenigstens im Prinzip einfach in axiomatische, mathematische und damit rein mengentheoretische Systeme situieren möchte«.

R Anders als diese »flache« Wissenschaftsauffassung unterstellt sind die wenigsten Begriffe unserer Sprache »Klassifikationsbegriffe« mit einer »wohldefinierten Identität für die relevanten Gegenstände oder Individuen«. »Die meisten unserer Unterscheidungen beziehen sich auf Typen von Situationen und Geschehnissen, welche als solche keineswegs einfach Klassen von einzelnen Situationen oder Ereignissen sind.«

W Weiter betont Stekeler, dass wir das »Widersprüchliche« in unseren Inferenzbegriffen »immer mitdenken« müssen, weil solche Widersprüche nie auszuschließen sind. Dieses Faktum nicht anzuerkennen gehöre, »wie Hegel so schön sagt, in die Kindheit des Philosophierens, in der man bloß erst mit schematischen Regeln einigermaßen formal richtig zu spielen gelernt hat«.

R Rein formal denkt in Hegels System der Verstand, während die Vernunft die Widersprüche immer mitdenkt. Dazu schreibt Hegel in der Vorrede zur ersten Ausgabe seiner »Wissenschaft der Logik« am 22. März 1812 in Nürnberg: »Der Verstand bestimmt und hält die

1. In der Schule Hegels

Bestimmungen fest; die Vernunft ist negativ und dialektisch, weil sie die Bestimmungen des Verstandes in nichts auflöst; sie ist positiv, weil sie das Allgemeine erzeugt und das Besondere darin begreift ... Diese geistige Bewegung (ist) die immanente Entwicklung des Begriffes ... und zugleich die immanente Seele des Inhalts selbst«.

W »Auf diesem sich selbst konstruierenden Weg allein« – schreibt Hegel weiter – »ist die Philosophie fähig, objektive, demonstrierte Wissenschaft zu sein.« Die für den Anfang wohl verständlichste Beschreibung des Weges der dialektischen Vernunft findet sich in einer Anmerkung zum »Aufheben des Werdens«: »Aufheben und das Aufgehobene (das Ideelle) ist einer der wichtigsten Begriffe der Philosophie, eine Grundbestimmung, die schlechthin allenthalben wiederkehrt ... Was sich aufhebt, wird dadurch nicht zu Nichts ... Aufheben hat in der Sprache den gedoppelten Sinn, dass es soviel als aufbewahren, erhalten bedeutet und zugleich soviel als aufhören lassen, ein Ende machen.«

R »Etwas ist nur insofern aufgehoben, als es in die Einheit mit seinem Entgegengesetzten getreten ist; in dieser näheren Bestimmung als ein Reflektiertes kann es passend Moment genannt werden.« Bei Hegel in die Schule zu gehen heißt: die immanenten »Momente« eines vernünftig begriffenen dialektischen Ganzen nicht mit den isolierbaren »Elementen« einer Konstruktion des analytischen Verstandes zu verwechseln.

W Wir haben ja eingeladen, bei Hegel in die Schule zu gehen und die Diktate nachzuvollziehen, die er seinen Schülern zugemutet hat. Ein Beispiel für diese Zumutung findet sich in den §§ 129 bis 132 der Logik für die Mittelklasse aus dem Schuljahr 1810/1811.

Unter der Überschrift »Idee oder adäquater Begriff« diktierte Hegel: »Die Idee ist die Einheit des Begriffs und der Realität, der Begriff, insofern er sich seine Realität bestimmt, oder die Wirklichkeit, die so ist, wie sie sein soll, und ihren Begriff selbst enthält ... In der Erkenntnis liegt die Realität als das Erste und als das Wesen zum Grunde, dem sich der Begriff angemessen machen soll, damit er Wahrheit sei ... Die absolute Idee ist der Inhalt der Wissenschaft, nämlich die Betrachtung des Universums, wie es dem Begriffe an und für sich gemäß ist, oder des Vernunftbegriffs, wie er an und für sich und wie er in der Welt objektiv oder real ist.«

R Als virtueller Schüler hätte ich Probleme gehabt, zu verstehen, wie ein Begriff sich selbst »angemessen machen soll, damit er Wahr-

1. In der Schule Hegels

heit sei«, und auf welchem Wege die Wirklichkeit so wird, »wie sie sein soll«.

W Mir wäre das Diktat auch problematisch erschienen. Ich schlage deshalb vor, Hegel mit der ausgereiften Fassung seiner Begriffslehre zu Wort kommen zu lassen, die unter der Überschrift »Der Begriff als solcher« im »System der Philosophie«, »Erster Teil. Die Logik« in § 163 (Zusatz 1 und 2) enthalten ist.

»Wenn vom Begriff gesprochen wird, so ist es gewöhnlich nur die abstrakte Allgemeinheit, welche man dabei vor Augen hat ... Dies ist die Weise, wie der Verstand den Begriff auffasst.« Die Vernunft hingegen betont, »dass wir die Begriffe gar nicht bilden und dass der Begriff überhaupt gar nicht als etwas Entstandenes zu betrachten ist ... sondern es gehört zu demselben auch die Vermittelung; diese liegt aber in ihm selbst und der Begriff ist das durch sich und mit sich selbst Vermittelte ... Der Begriff ist ... das wahrhaft Erste, und die Dinge sind das was sie sind durch die Tätigkeit des ihnen innewohnenden und in ihnen sich offenbarenden Begriffs.«

R Wenn wir nicht am Anfang unserer Auseinandersetzung mit Hegels Philosophie stünden, würden wir den sich »offenbarenden« Begriff als Ausdruck eines religiösen Verständnisses erläutern. Das wird am Ende geschehen.

W In der »Phänomenologie des Geistes« expliziert Hegel die progressiven Gestalten des Geistes als dessen Selbstoffenbarung. Deshalb könnte man von einer Offenbarungsgeschichte des Geistes sprechen. In der »Wissenschaft der Logik« wendet er dieses Grundmodell auf das Sein an.

R Die philosophische Pointe lautet dann: Am Beginn war der Begriff. Aber so weit sind wir noch nicht. Wir sollten noch ein Beispiel dafür bringen, wie sich die Hegel'sche Logik der Subsumtion von der »subsumierenden Urteilskraft« Kants unterscheidet. »Urteilskraft überhaupt« ist bei Kant »das Vermögen, das Besondere als enthalten unter dem Allgemeinen zu denken. Ist das Allgemeine (die Regel, das Prinzip, das Gesetz) gegeben, so ist die Urteilskraft, welche das Besondere darunter subsumiert ... bestimmend.«

W Kant denkt das Verhältnis des Allgemeinen zum Besonderen zu einfach, weil er das Besondere wie ein individuelles Einzelnes behandelt. Im Schema E – B – A wird das Besondere dagegen als ein repräsentatives Einzelnes bestimmt.

1. In der Schule Hegels

R Das ist eine philosophisch höchst spannende Feststellung, in der es buchstäblich um Leben oder Tod geht! Das zeigt sich in Kants Aufsatz »Über ein vermeintes Recht, aus Menschenliebe zu lügen«. Dort verlangt der Philosoph des kategorischen Imperativs den Verrat eines im Haus versteckten Freundes, weil das allgemeine Lügeverbot auch in diesem konkreten Einzelfall verbietet, den nachfragenden Mörder zu belügen.

W Die Subsumtionslehre Hegels erlaubt es dagegen, das Besondere des Einzelfalls zu würdigen und die Auslieferung des Freundes an seinen Mörder durch eine wahrheitswidrige Aussage zu verhindern. Denn der Einzelfall ist kein typischer Repräsentant für die besonderen Fälle des allgemeinen Verbots der Lüge. Atypisch ist, dass die Lüge das Leben eines Menschen rettet.

R Mit der Unterscheidung von Klassifikations- und Inferenzbegriffen wird die Differenz der beiden Subsumtionslehren noch deutlicher: Kants Allgemeinbegriff der Lüge gilt als Klassifikationsbegriff für alle Formen einer unwahren Aussage, unabhängig von der Frage, ob es sich um einen legitimen Wahrheitsanspruch handelt. Hegels Inferenzbegriff der Lüge verlangt dagegen von Anfang an die Legitimität des erhobenen Wahrheitsanspruchs.

W Als Zeuge ist man gegenüber einem Richter zur Wahrheit verpflichtet, als Mensch gegenüber einem beliebigen Mörder nicht. Hegels Logik der Subsumtion wird diesem kategorialen Unterschied durch die Erweiterung des dualistischen Schemas um die Kategorie des Besonderen gerecht, Kants kategorische Morallehre versagt dagegen gerade in der Rigorosität ihrer Klassifikationsbegriffe.

2. Vom Redakteur zum Rektor

W Einer gern erzählten Geschichte zufolge hat Hegel die letzten Seiten seiner »Phänomenologie des Geistes« am 13. Oktober 1806 unter dem Kanonendonner der Schlacht von Jena und Auerstedt geschrieben.

R Bei uns steht diese Geschichte am Anfang des zweiten Kapitels, in dem es um die Entwicklung vom Redakteur der Bamberger Zeitung zum Rektor am Nürnberger Egidien-Gymnasium geht. Konnten wir im ersten Kapitel in die Rolle virtueller Schüler dieses Gymnasiums schlüpfen, ist uns das hier nicht möglich.

W Deshalb stellen wir das tatsächliche Geschehen aus der Perspektive eines Biographen dar, und zwar durchgehend im historischen Präsens. Unsere dialogische Wechselrede beschränken wir auf erläuternde Kommentare.

R Die uns interessierenden biographischen Tatsachen ergeben sich vor allem aus Briefen, deren Zitate wir grundsätzlich für sich selbst sprechen lassen und nur bei Bedarf kommentieren.

Bezüglich der Fertigstellung der »Phänomenologie« steht Hegel im Sommer 1806 unter enormem Zeitdruck. Er hat ernste Probleme mit seinem Verleger Göbhardt in Bamberg, weshalb er seinen Freund Friedrich Niethammer, der als Oberschulkommissar in Bamberg weilt, in zwei Briefen um Hilfe bittet. Dieser bringt Bewegung in die verfahrene Sache durch die Vereinbarung neuer Konditionen:

Am 3. Oktober gibt Niethammer bekannt, dass es zu einem »vollen Abschluss des Vergleiches mit Herrn Göbhardt« gekommen ist. Aber er mahnt Hegel: »... es kommt alles bloß darauf an, dass Sie nicht versäumen, das Manuskript zur rechten Zeit an mich zu schicken.« Und er schärft ihm die Dringlichkeit ein, indem er schreibt: »Der äußerste Termin zur Absendung des letzten Transports (wenn er zum 18. Okt. gewiss hier sein soll) ist Montag, den 13. Okt. Übergehen Sie den Termin ja nicht! Könnten Sie bis dahin nicht mit dem Durchkorrigieren ganz fertig werden, so weiß ich in der Tat keinen

2. Vom Redakteur zum Rektor

andern Rat, als dass Sie selbst mit herkommen und hier neben den Druckkorrekturen die Manuskriptkorrektur vollenden.«

Hegel hat zehn Tage für den Abschluss des Manuskripts und die genannten Korrekturen. Er weiß, dass es nur bei pünktlicher Abgabe zur Auszahlung des ausstehenden Honorars kommt, auf das er dringend angewiesen ist. Die äußerst knappe Zeitspanne setzt ihn unter Druck. Zugleich fürchtet er das Herannahen der Napoleonischen Truppen. Die »Last französischer Einquartierung, bei der niemand verschont wird, könnte ich nicht tragen«. Trotz der kriegerischen Situation muss er wagen, ausstehende Manuskriptteile – auch ohne vorherige Abschrift – mit der Post zu versenden. Eine erste Tranche schickt er am Mittwoch, den 6. Oktober und verspricht, dass die nächste am folgenden Freitag abgehen werde.

Aber noch immer fehlen die letzten Bogen. An Niethammer schreibt er: »Montags, den 13. Oktober 1806, am Tage, da Jena von den Franzosen besetzt wurde, und der Kaiser Napoleon in seinen Mauern eintraf. Welche Besorgnis ich für die letzten Mittwoch und Freitag gemachten Absendungen von Manuskript haben muss, ersehen Sie aus dem Datum ... und heute zwischen 8 und 9 Uhr drangen die französischen Tirailleurs – und eine Stunde nachher die regelmäßigen Truppen ein; diese Stunde war eine Stunde der Angst ...«. Trotz dieser Angst finden sich folgende Zeilen: »... den Kaiser – diese Weltseele – sah ich durch die Stadt zum Rekognoszieren hinausreiten; – es ist in der Tat eine wunderbare Empfindung, ein solches Individuum zu sehen, das hier auf einen Punkt konzentriert, auf einem Pferde sitzend, über die Welt übergreift und sie beherrscht.«

W Wie man hier sieht, ist im Original von »Weltseele« die Rede, nicht von »Weltgeist« – was ein weit verbreitetes Fehlzitat mit offensichtlich ansteckender Wirkung darstellt.

R Ich bekräftige die offensichtliche Gefahr der Ansteckung mit dem Virus des Blindzitats und ergänze: »Rekognoszieren« heißt so viel wie »das Gelände erkunden«.

Noch wünscht Hegel Napoleon weiteres Kriegsglück, ob aber die letzte Tranche des Manuskripts Bamberg tatsächlich erreichen wird, bekümmert ihn. »Da die Post doch von hier abging, musste ich die Sendung wagen. Gott weiß, mit welchem schweren Herzen ich diese noch wage... so wird, hoffe ich, Gott meine Schreibereien Ihnen noch auf den Termin überliefern.«

2. Vom Redakteur zum Rektor

Niethammer hat dem Freund eingeschärft, dass das gesamte Manuskript spätestens zum 13. Oktober abgesandt werden muss. Hegel überzieht den Termin jedoch, denn noch fehlen die letzten Seiten. Erst am 18. des Monats schreibt er: »Montags (20.) geht die erste Post, sowohl fahrende als reitende, wieder ab; mit dieser schicke ich also die letzten Bogen ab, die ich seitdem immer in der Tasche herumschleppe mit einem Briefe aus der Schreckensnacht vor dem Brande. Wenn nun die Absendung von Mittwoch und Freitag vor 8 Tagen an Ort und Stelle richtig angekommen, so ist weder der Druck aufgehalten worden, noch kann Göbhardt wegen der Verspätung dieser letzten wenigen Bogen, um der eingetretenen Umstände willen, keine Bedenklichkeiten machen...«. Der Brief endet mit der wiederholten dringlichen Bitte, Geld zu schicken, und seien es »auch nur 6 bis 8 Carolin«.

Hegel ist völlig mittellos, seine Wohnung wurde geplündert und der Winter steht vor der Tür. Deshalb sieht er keine Veranlassung, weiter in Jena zu bleiben; vielmehr gibt es nicht nur wegen der noch fälligen Korrekturen an seiner Schrift durchaus gute Gründe, nach Bamberg zu gehen. Niethammer hat dies bereits vorgeschlagen. Deshalb plant Hegel, »wenigstens einen Teil des Winters dort zuzubringen«. Am 22. Oktober berichtet Niethammer von einer Honorarzahlung des Verlegers über 144 Gulden, die er per Anweisung Hegel zukommen lasse. Am selben Tag schreibt dieser: »Sobald ich Geld habe ... gedenke ich Ihrer Einladung zu folgen und zu Ihnen zu kommen.«

Im November ist es dann so weit. In Bamberg überwacht Hegel die Drucklegung seines Werkes. Von dort schreibt er am 17. November an Friedrich Frommann, Buchhändler in Jena: »Hier in Bamberg habe ich ein Stübchen nahe bei Niethammers bezogen, die keinen Platz bei sich haben, ich gehe aber bei ihnen in die Kost ...«. Bamberg bleibt jedoch zunächst nur eine Episode.

In einem Brief vom 1. Mai 1807 gibt Hegel gegenüber Schelling bekannt, dass seine »Schrift endlich fertig geworden« ist. Dann kommt er auf das Ende der Abhandlung zu sprechen: »Die größere Unform der letzteren Partien halte Deine Nachsicht auch dem zu Gute, dass ich die Redaktion überhaupt in der Mitternacht vor der Schlacht bei Jena geendigt habe.«

In seinen Briefen an die Freunde verschweigt Hegel, dass seine Haushälterin Christiane Burkhardt in Jena seit Mai schwanger von

2. Vom Redakteur zum Rektor

ihm ist. Am 7. Februar 1807 kommt sein unehelicher Sohn zur Welt, der den Namen Ludwig erhält. Es ist schwer vorstellbar, dass Hegel diese Tatsache verborgen geblieben sein sollte, zumal solche Umstände in Jena schnell publik wurden. Manche Biographen behaupten jedoch, er habe von der Geburt seines Sohnes erst in Bamberg erfahren, wo er Ende März 1807 eintreffen wird.

Niethammer hat Hegel nicht nur finanziell unterstützt, sondern ihm auch praktisch in der Verlegerproblematik geholfen. Am 16. Februar unterrichtet er Hegel über die Angelegenheit der Bamberger Zeitung. Deren Eigentümer hat seinen bisherigen Redakteur verloren und ist auf der Suche nach einem Nachfolger. Der Vorschlag Niethammers, Hegel mit dieser Aufgabe zu betrauen, wird sofort angenommen. Allerdings soll dieser schon im März die Redaktion übernehmen. Der Freund rechnet ihm vor, dass er auf jeden Fall bei gleichem Zeitaufwand mehr Geld einnehmen wird, als er in Jena für seine Vorlesung erhält.

Hegel antwortet postwendend: »Ich danke zuerst für den Antrag, den mir dasselbe verschaffte und den ich anzunehmen entschlossen bin ... Das Geschäfte selbst wird mich interessieren, da ich, wie Sie selbst wissen, die Weltbegebenheiten mit Neugierde verfolge, und von dieser Seite hätte ich mich eher dafür zu fürchten und davon abzuziehen ... Ich hoffe auch mich bald darein finden zu können. Welcher Ton und Charakter übrigens in die Zeitung gebracht werden könne, dies ist an Ort und Stelle zu sehen. Man kann unsre Zeitungen meist alle für schlechter ansehen als die französischen, und es würde interessant sein, eine Zeitung der Art der letzteren zu nähern, ohne jedoch das, was der Deutsche vornehmlich verlangt, eine Art von Pedanterei und Unparteilichkeit der Nachrichten aufzugeben.«

Hegel glaubt, die »Bamberger Zeitung« nach dem Vorbild der französischen bzw. englischen ausrichten zu können. Er hat dabei im Sinn, durch die Zeitung meinungsbildend zu wirken und die bisherige Unparteilichkeit bzw. Neutralität der Berichterstattung zu überwinden. Aber offensichtlich kennt er bei der Abfassung des Briefes das Bayerische Pressegesetz nicht, das das Vertreten der Meinung in einer Zeitung schlichtweg verbietet.

Hegel betont in diesem Brief, dass er das »Engagement« nicht für dauerhaft ansieht, denn er will sich die Möglichkeit offenhalten,

2. Vom Redakteur zum Rektor

wenn sich ein akademisches Amt anbieten sollte, sofort dorthin wechseln zu können. Weiter schreibt er: »Ebenso werde ich, indem ich von hier abgehe, sagen, dass ich noch kein festes Engagement in Bamberg eingegangen, sondern überhaupt Geschäfte dort habe, und ich ersuche Sie hierher in keinem andern Sinne von mir zu schreiben; denn es ist nötig, dass ich den Schikanen, an deren Möglichkeit in diesen Geldklemmen-Zeiten zu denken ist, über meine Besoldung bis Ostern aus dem Wege gehe.« Der Hauptgrund seiner spontanen Annahme des Angebots besteht nicht vornehmlich im Interesse an der Redaktion einer Zeitung, sondern darin, aus der Geldnot zu gelangen.

Um welches Engagement es sich handelt, lässt Hegel im Unklaren. Aus Bamberg schreibt er an Goethe, dass er in Weimar um Urlaub gebeten hat, um einem »Privatgeschäft« nachzukommen.

»Indem sich mir nun bei Gelegenheit einer Reise in literarischen Geschäften hierher nach Bamberg der Antrag eines Privatgeschäfts, das temporär ist und wodurch ich jenen Zweck einstweilen erreichen kann, darbietet, so habe ich mir die Freiheit genommen, mich an Se. Exzellenz, den Geh. Rat von Voigt mit der gehorsamsten Bitte zu wenden, Sr. Herzoglichen Durchlaucht mein Gesuch um einen Urlaub auf diesen Sommer von meinem Lehramte zu Füßen zu legen, – während dessen ich hier privatisieren und bei einstweiliger Gewinnung meiner Subsistenzmittel den glücklichen Zeitpunkt abwarten könnte, wo, mit Beihilfe der gnädigsten Unterstützung die Ausübung meiner Lehrpflichten auf der Universität mir die Möglichkeit verschafft, diesen Zweck zugleich mit besseren Beschäftigungen zu erreichen. Ich nehme mir zugleich die untertänigste Freiheit, dieselbe Bitte an die so oft erprobte Gewogenheit und gütigen Gesinnungen Euer Exzellenz zu wagen und mir die gnädigste Unterstützung derselben auszubitten.«

Es ist Hegel darum zu tun, sich in Jena die Tür offen zu halten, denn er hofft weiterhin auf eine universitäre Laufbahn. Im März 1807 siedelt er nach Bamberg über.

Das »dreifache Zeitungsinstitut« mit der Redaktion, der Druckerei und einer Buchhandlung befindet sich unterhalb des Bamberger Dombergs im »Haus zum Krebs« am Pfahlplätzchen. Hegel findet in diesem herrschaftlichen Gebäude auch ein Unterkommen. Arbeiten und wohnen unter einem Dach, dazu eine Weinhandlung nebst Weinstube im ersten Stockwerk, findet der neue Redakteur durchaus behaglich. Die »Bamberger Zeitung mit königlich-allergnädigster Freiheit« erscheint täglich mit vier Blättern, die in Franken bis nach

2. Vom Redakteur zum Rektor

Würzburg, Bayreuth und Erlangen bei insgesamt 2000 Abonnenten Verbreitung finden.

Von dem Eigentümer der Zeitung erhält Hegel ein überraschend günstiges Angebot: »Herr Schneiderbanger hat mir, da ein Ankauf seines Instituts von meiner Seite nicht statthaben könnte, das genereuse Anerbieten gemacht, dass ich die Leitung des Ganzen übernehme und dass wir die reine Einnahme teilen ...«.

An Niethammer, der inzwischen das Amt des Zentralschulrats für Bayern in München angetreten hat, schreibt er am 8. Juli: »Meine Geschäfte habe ich angetreten; schwer ist die Sache nicht und der Arbeit nach nicht viel mehr als vorher; doch gedenke ich es zu erweitern, und besonders das Buchhändlergeschäfte mit der Zeit emporzubringen. Ich habe freie Wohnung, und wenn die Sache bleibt, wie sie gegenwärtig steht, 1300 Gulden Einkommen. Was will ich in dieser Welt viel Zeitliches mehr?« Der Brief bekundet Hegels völlige Zufriedenheit mit dem »Geschäfte«, das ihm endlich finanzielle Freiheit ermöglicht. Einen weiteren Vorteil, der mit der Redaktion verbunden ist, sieht er darin, »... dass diese Arbeit eine Zeit lässt, noch meiner wissenschaftlichen Arbeit fortzuleben; wenn eine andere Stelle als ein Lehramt mich darin viel mehr einschränken würde«. Es ist dem Philosophen möglich, neben der Redaktion an seiner »Logik« zu arbeiten, die in Bamberg im Entstehen ist. Dennoch hegt er weiterhin den Wunsch, eine Anstellung an einer Universität zu bekommen.

Auch als Redakteur legt Hegel Wert darauf, mit dem Professorentitel angesprochen zu werden, ein Titel, den er durch Goethes Vermittlung erhält. Als an Ostern 1807 seine »Phänomenologie des Geistes« in Bamberg erscheint, nennt das Werk als Autor auf dem Deckblatt »Ge. Wilh. Fr. Hegel, D. und Professor der Philosophie zu Jena«.

In einem Brief an seinen Freund Knebel vom August 1807 äußert er sich zu seiner Situation in Bamberg:

> »Noch ein Wort zu meinen ... Verhältnissen; Sie wissen vielleicht, dass ich in Weimar für dieses halbe Jahr um Urlaub angehalten hatte; ich habe mich nun in nähere Verbindung mit dem Zeitungsinstitute eingelassen und werde hiermit der vom Herzoge mir verwilligten Pension entsagen, was aber vielleicht überflüssig ist, da mir das Quartal vom Mai – Juli nicht mehr ausbezahlt wurde, das ich noch genießen zu können glaubte. Übrigens werde ich mir es zur Ehre schätzen, noch als Professor von Jena

2. Vom Redakteur zum Rektor

angesehen zu werden und mich so nennen zu können; in meine vorigen Verhältnisse aber werde ich nicht mehr zurückkehren können; sollte sich ihre ökonomische Seite aber einst ändern lassen, so werde ich keinen Anstand nehmen, die Zeitungsredaktion gegen den philosophischen Katheder umzutauschen; ich sehne mich vielmehr nach einer solchen Änderung.«

Trotz der relativ komfortablen Lage als Redakteur und philosophischer Schriftsteller in Bamberg ist das Endziel seines Strebens ein philosophischer Lehrstuhl.

Hegel sieht seine redaktionelle Aufgabe auch in der Beschaffung von Nachrichten. Aus diesem Grund bittet er Knebel um entsprechende Neuigkeiten. Er lässt auch wissen, dass er sich nicht nur als neutraler Vermittler von Nachrichten versteht, sondern durchaus politische Ambitionen mit seiner Aufgabe verbindet.

»Es ist ein Hauptzweck dieses Schreibens an Sie, Sie um Nachrichten von sich und Ihrem Tun und Ergehen zu bitten. Was ich und warum ich es treibe, wissen Sie. Sie wissen auch, dass ich immer einen Hang zur Politik hatte. Dieser hat sich aber beim Zeitungsschreiben vielmehr geschwächt, als dass er dadurch Nahrung gefunden hätte. Denn ich habe hierbei die politischen Neuigkeiten aus einem andern Gesichtspunkte anzusehen als der Leser; diesem ist der Inhalt die Hauptsache, mir gilt eine Neuigkeit als Artikel, dass er das Blatt füllt. Die Verminderung des Genusses, den die Befriedigung der politischen Neugierde gewährt, wird jedoch durch anderes ersetzt, das eine ist der Ertrag ... ich habe mich durch Erfahrung von der Wahrheit des Spruches in der Bibel überzeugt und ihn zu meinem Leitstern gemacht: Trachtet am ersten nach Nahrung und Kleidung, so wird euch das Reich Gottes von selbst zufallen.«

W Hier beweist Hegel sich als Ironiker, indem der das Bibelwort auf den Kopf stellt. Die ökonomische Seite des »Geschäftes« steht ausdrücklich im Vordergrund.

R Dann reflektiert er in satirischer Weise über seine Rolle als Zeitungsschreiber:

»... das andere ist, dass der Zeitungsschreiber selbst ein Gegenstand der Neugierde und fast des Neides ist, indem jedermann das zu wissen wünscht, was dieser noch in petto behalte, was, wie man versichert, das Beste sein soll; – unter uns gesagt, weiß ich jedoch niemals mehr, als in meiner Zeitung steht, und sehr oft dies nicht einmal ... In dieser traurigen Friedenszeit, die das für den Zeitungsschreiber ist, was der schöne Mondschein und gute Polizei für Diebe ... habe ich alle Hülfe nötig, um der Neugierde des Publikums ihr Futter zu liefern.«

2. Vom Redakteur zum Rektor

Neben seinem »Geschäfte« und der Arbeit an der »Logik« bleibt Hegel genügend Zeit, ein gepflegtes gesellschaftliches Leben zu führen. Schon während seiner Korrekturarbeiten für die Drucklegung der »Phänomenologie« machte er »artige Bekanntschaften« und spielte mit Damen L'hombre. Im Hause Liebeskind ist er ein gern gesehener Gast. Auch bei Aufführungen von Schillers »Räuber« und Lessings »Emilia Galotti« ist er zu sehen. Unklar bleibt die Beziehung zu Caroline Paulus, mit der er auch später vertraulich korrespondiert.

Der Zeitungsalltag gestaltet sich ganz anders, als Hegel gehofft hat: als politischer Redakteur im Stile der französischen Zeitungen das Zeitgeschehen zu kommentieren. Während in diesen und englischen Journalen verschiedene Meinungen präsentiert werden können, verbietet das Bayerische Pressegesetz jegliche Meinungsäußerung. In den General-Akten des Staatsministeriums über die Zensur der Zeitungen ist festgehalten: »Politische Raisonnements eines Zeitungsschreibers beruhen jederzeit auf irrigen Grundsätzen. Da er nicht von den Staatsverhältnissen unterrichtet ist, so ist es ihm ohnmöglich, ein richtiges Urteil zu fällen ... Das Publikum wird nicht über die wahre Lage des Staates belehrt, sondern bloß zu falschen, dem Staat schädlichen Schlüssen geführt.« Meinungsäußerungen waren höchstens in Form des »von der Regierung Gemeinten« erlaubt. Weil Hegels Arbeit vielfach darin besteht, Meldungen und Nachrichten, die bereits bei anderen Zeitungen durch die Zensur gegangen waren, abzuschreiben, und er andererseits durch Zensur ausgebremst wurde, wenn er die rote Linie überschritt, findet er sein »Geschäft« mit der Zeit reichlich verdrießlich. Zur Demonstration, mit welchen Banalitäten er sich befassen muss, schreibt er im Brief vom 21. November 1807, mit bissiger Ironie, »dass der Prinz N. N. heute hier durchpassiert sei« oder »dass seine Majestät auf der Schweinsjagd gewesen ist«.

An Niethammer schreibt er am 13. Oktober 1807: »Was meine Arbeit betrifft, wenn Sie etwa darnach fragen sollten, so kann ich sie nur uneigentlich Arbeit nennen; das Zeitungswesen geht in einem ungehinderten, zwar genuss- aber auch verdrusslosen Gange fort. Ich finde, dass ich nachgerade etwas mehr Geist in meine Beschäftigung bringen muss.«

Am 28. Oktober erscheint im »Intelligenzblatt der Jenaer Allgemeinen Literatur-Zeitung« Hegels Selbstanzeige zur Phänomenologie:
»Im Verlage der Jos. Ant. Goebhardtschen Buchhandlungen zu Bamberg und Würzburg ist erschienen und an alle guten Buchhandlungen versandt: G. W. Fr. Hegels System der Wissenschaft. Erster Band, Die Phänomenologie des Geistes enthaltend. Gr. 8. 1807. Preis 6 Gulden. Dieser Band stellt das werdende Wissen dar. Die Phänomenologie des Geistes soll an die Stelle der psychologischen Erklärungen oder auch der abstrakteren Erörterungen über die Begründung des Wissens treten. Sie betrachtet die Vorbereitung zur Wissenschaft aus einem Gesichtspunkte, wodurch sie eine neue, interessante, und die erste Wissenschaft der Philosophie ist. Sie fasst die verschiedenen Gestalten des Geistes als Stationen des Weges in sich, durch welchen er reines Wissen oder absoluter Geist wird. Es wird daher in den Hauptabteilungen dieser Wissenschaft, die wieder in mehrere zerfallen, das Bewusstsein, das Selbstbewusstsein, die beobachtende und handelnde Vernunft, der Geist selbst, als sittlicher, gebildeter und moralischer Geist, und endlich als religiöser in seinen unterschiedenen Formen betrachtet. Der dem ersten Blick sich als Chaos darbietende Reichtum der Erscheinungen des Geistes ist in eine wissenschaftliche Ordnung gebracht, welche sie nach ihrer Notwendigkeit darstellt, in der die unvollkommenen sich auflösen und in höhere übergehen, welche ihre nächste Wahrheit sind. Die letzte Wahrheit finden sie zunächst in der Religion und dann in der Wissenschaft, als dem Resultate des Ganzen.«

R Die ersten der 700 gedruckten Exemplare lässt Hegel seinen Freunden zukommen. Einer dieser Empfänger ist Schelling, dem gegenüber Hegel zuvor die »unselige Verwirrung« beklagt hat, die »den ganzen »buchhändler- und druckerischen Verlauf« beherrscht habe.

W Dass Schelling ein halbes Jahr verstreichen lässt, bis er antwortet, dürfte Hegel als Kränkung empfunden haben.

Am 28. März 1808 lässt er Niethammer wissen: »Mein Zeitungsleben geht seinen vegetierenden Gang ohne weitere Anfechtung ziemlich ruhig fort; was ein gestern insinuiertes Reskript — oder Generale – von München aus etwa für Schwüligkeiten aufregen wollte, hat Herr v. Bayard wieder beruhigt, dessen Güte überhaupt das sonst

2. Vom Redakteur zum Rektor

oft schwierige Verhältnis einer Zeitung mit höheren Behörden ganz leicht und eben macht.«

Ganz so unproblematisch gestaltet sich der Umgang mit der Zensuraufsicht jedoch nicht. In seinen letzten Tagen in Bamberg beklagt sich der Redakteur gegenüber Niethammer in München: »Ich sehne mich um so mehr, von meiner Zeitungs-Galeere endlich wegzukommen, da ich kürzlich wieder eine Inquisition hatte, die mich an meine ganze Lage näher erinnerte.« An anderer Stelle bekennt er: »Jede Minute unter der Überwachung der Zensurpolizei – Hegel nennt das Pressegesetz offen ein Zensur-Gesetz – vergeht ihm die Lust an diesem »Geschäfte«; der Professor findet als Redakteur keine Erfüllung, selbst wenn ihn dieses befriedigend »substituiert«.

Sein Freund Niethammer wird ihn durch seine Vermittlung im Bayerischen Staatministerium von der »Zeitungsgaleere« befreien. Am 8. Mai 1808 erhält Hegel dessen Brief aus München: »Wie wär Ihnen ums Herz, wenn Sie zu einem Rektor eines Gymnasiums vorgeschlagen würden? Der Gedanke ist mir zur Zeit selbst noch zu fremd, als dass ich mit mir darüber einig werden könnte. Es ist mir nur so durch den Kopf gefahren, dass wir Sie auf diese Weise hierher bekommen könnten. Indes ist dieser Plan noch so vielen Schwierigkeiten ausgesetzt, dass ich zunächst mich nur an das Allgemeine halte, in irgend einer unsrer Hauptprovinzstädte überhaupt Sie zu verwenden, wie man hier zu Lande spricht!«

Dieser Brief löst in Hegel bestimmte Erwartungen aus. In seiner Antwort bezieht er die mögliche zukünftige Stelle auf die bayerische Hauptstadt München. »Man sei in einem Staate, was man sei, so ist es am besten, es in der Hauptstadt zu sein; der Aufenthalt in einer Provinzialstadt kann immer für eine Verweisung angesehen werden, wenn man es auch selbst wäre, der sich verwiese.« Dennoch zeigt sich Hegel überrascht über Niethammers Idee. »Sie sehen in diesem Plane, wie Sie schreiben, noch Schwierigkeiten; ich muss gestehen, dass ich diese für so bedeutend hielt, dass mich Ihr Gedanke sehr überraschte ... In der Tat aber ist wenigstens, glaube ich, der Umstand bei mir nötig, dass, indem Sie von München oder einer Hauptprovinzialstadt sprechen, ich wenigstens für den Anfang zu der mir neuen Lage, in der ich an die Spitze einer Anstalt gestellt würde, einen Beistand, wie Sie, oder einen unmittelbaren Oberkommissär, der mir ungefähr dasselbe sein könnte, etwa wie Paulus, hätte.«

2. Vom Redakteur zum Rektor

Im Fortgang des Briefes wird erkennbar, dass Hegel sich mit dem Vorschlag konkret auseinandersetzt, indem er bereits von Lehrbüchern, möglichen Amtspflichten und der Zahl der zu erteilenden Unterrichtsstunden spricht. Er spekuliert auf München oder Erlangen. »Indem die Anstellung vornehmlich auf München ginge ... und indem Sie sich äußern, dass Sie dabei Erlangen nicht aus den Augen lassen, so weiß ich kein Verhältnis, das mir wünschenswerter und das ich Ihnen zugleich mehr zu verdanken haben möchte.«

Schließlich kommt er zu dem Ergebnis: »Summa: bestimmen Sie über mich, verwenden Sie mich, wie Sie es machbar finden und Ihre Freundschaft Ihnen eingibt, so werde ich auf jeden Fall in eine Lage kommen, welche die innere und äußere Gelegenheit und Aufforderung zu gelehrter Tätigkeit enthält.«

In dem Amt eines Gymnasial-Rektors verbindet Hegel die Möglichkeit zu »gelehrter Tätigkeit«. Sie ist erstrebenswerter als der Redaktionsposten, auch wenn dies rein ökonomisch ein Abstieg ist; Hegel ist sich dessen wohl bewusst.

Der anfangs noch unsichere Plan Niethammers nimmt Gestalt an. Als habe er selbst den Durchbruch erlebt, schreibt er: »Glücklicherweise ist alles pariert und repariert, und es fehlt nur noch des Königs Unterschrift, die nicht fehlen wird. Rüsten Sie sich also ernstlicher auf die Abreise. Diesem Billett wird in wenigen Tagen ein Schreiben folgen, das ohne Zweifel die Ordre zum Abmarsch bringt.« Noch immer weiß Hegel jedoch nicht sicher, wohin er marschieren soll.

Erst zum 28. Oktober erreicht Hegel die Botschaft: »Schneller als ich es für möglich hielt, ist Ihre Angelegenheit entschieden. Ich habe Ihnen zu melden den Auftrag, dass Sie zum Professor der philosophischen Vorbereitungswissenschaften und zugleich zum Rektor des Gymnasiums in Nürnberg ernannt worden sind und dass man wünscht, Sie möchten Ihre Reise so einrichten, dass Sie schon im Anfang oder spätestens in der Mitte der folgenden Woche in Nürnberg, wo Ihre Anwesenheit dringend erforderlich werden wird, eintreffen, um unter Anleitung des Herrn Kreisschulrates Paulus die neue Studienorganisation, soweit sie das Gymnasium betrifft, in Vollzug zu setzen.«

R Nürnberg – diese Stadt entsprach Hegels Hoffnungen in keiner Weise. München oder Erlangen wären ihm lieber gewesen, weil sie als Universitätsstädte den erhofften Karrieresprung zum Philosophieprofessor ermöglicht hätten. Das Gymnasium zu Nürnberg be-

2. Vom Redakteur zum Rektor

schränkte das Katheder auf den Schulunterricht der philosophischen Vorbereitungswissenschaften.

W Andererseits war die Tatsache, dass Paulus als Kreisschulrat sein direkter Vorgesetzter sein würde, ein Grund, sich mit Nürnberg anzufreunden. Im nächsten Brief macht er dies kund.

»Die Abänderung, die Sie in der Gestalt der Anstellung getroffen haben, verdanke ich Ihrer Vorsorge, sowohl für die größere Sicherheit als für die Beschleunigung meines Eintritts in öffentliche Dienstverhältnisse, und teils kann mir der Ort Nürnberg für sich selbst nicht wünschenswerter sein, teils weil ich daselbst Paulus, der vor einigen Tagen seine Familie hier abgeholt und vorgestern mit ihr hinübergezogen ist, zum Schulrate bekomme.«

Die Ernennung Hegels zum Rektor der neu zu gründenden Organisation des Gymnasiums mit dem Schwerpunkt der Philosophie in den oberen Klassen stellt für Niethammer eine Herzensangelegenheit dar und Hegel ist genau der richtige Mann für diese Aufgabe. Der Zentralschulrat Niethammer hatte im Ministerium darum gekämpft, die Organisation der von Melanchthon gegründeten Schule, das Ägidianum in Nürnberg, neu zu gestalten. Hegel ist sich bewusst, dass Niethammer voll auf ihn setzt. »Noch hübscher aber ist es, dass Sie Ihr persönliches Interesse mit dieser Anstalt verknüpfen wollen. Die Aussicht, die Sie für mich dahin erhalten, wäre schon an sich vom größten Werte für mich, aber dieser Umstand erhebt sie vollends über alles, – die Hoffnung zu haben, mit Ihnen selbst in ein gemeinsames Lebwesen und Lehr- und Tatarbeit zu kommen.«

Im Rückblick auf seine praktische Redaktionsarbeit und im Vorblick auf die theoretische Lehrtätigkeit schreibt Hegel: »Die theoretische Arbeit, überzeuge ich mich täglich mehr, bringt mehr zu Stande in der Welt als die praktische; ist erst das Reich der Vorstellung revolutioniert, so hält die Wirklichkeit nicht aus.« Als Lehrer der Philosophie kann er auch am Gymnasium das Reich der Vorstellung revolutionieren.

Aufgrund der Aufforderung, »spätestens in der Mitte der folgenden Woche in Nürnberg« vorstellig zu werden, macht sich Hegel auf den Weg, um, wie angekündigt, am 2. November »unter Anleitung des Herrn Kreisschulrates Paulus die neue Studienorganisation, soweit sie das Gymnasium betrifft, in Vollzug zu setzen«.

Überraschenderweise kommt der nächste Brief an Niethammer nicht aus Nürnberg, sondern wieder aus Bamberg. Eine gewisse Enttäuschung ist unverkennbar: »Ich hatte mein Haus hier bestellt und der von Ihnen erhaltenen Weisung zu Folge mich mittwochs dahin begeben, um daselbst mein Amt anzutreten oder die Einleitung dazu wenigstens treffen zu helfen. Ich erfuhr sogleich, dass meine Gegenwart noch überflüssig sei und den Tag vorher einem Reskripte gemäß, das einen Tag später datiert ist, als Ihr Brief an mich, auf dem alten Fuß der Studienkursus begonnen hat. Noch ist meine hiesige Stelle nicht vergeben.«

Hegel ist zwar zum Rektor ernannt, aber noch nicht dekretiert. Dieser Unterschied ist offensichtlich von Belang, sodass der Ernannte »mit Sack und Pack wieder« nach Bamberg zurückkehren muss, um dort auf »die weitere Entscheidung« zu warten. Eine Woche später bekommt er von Kreisschulrat Paulus die Mitteilung, »dass das Organisationsreskript der höhern Bildungsanstalten den 5. Nov. vom König unterschrieben worden sei und also nunmehr seinen Weg gehen werde. ...Dies nur, damit Sie – nach Ihrem praktischen Skeptizismus – nicht länger in dubitatione versieren.«

Wiederum eine Woche später schreibt Niethammer aus München: »Herrn Rektor und Professor Hegel Wohlgeboren in Bamberg. Wenn Sie, mein kleingläubiger Freund, Ihre zweite Reise nach Nürnberg nicht schon vor Ankunft dieses Briefes angetreten haben, so säumen Sie nun nicht länger, Ihren Aufbruch zu organisieren. Es hat alles seine vollkommene Richtigkeit, was Sie von mir über Ihre Anstellung gehört haben ... Ich hoffe, dass Sie nunmehr das Weitere durch den Hrn Kreis-Schulrat Paulus in Nürnberg selbst offiziell hören können. – Über die Rektoratswohnung, wie über die Besoldungsverhältnisse überhaupt, wird eine Entschließung nachfolgen.«

Bezüglich der Besoldung bleibt Hegel im Ungewissen. Im Unterschied zum Redakteurs-Angebot gibt Niethammer dazu keine Auskunft und auch Hegel, der später über die schlechte Bezahlung ständige Klagen führen wird, verlangt keine Klarheit.

Obwohl der Rektor im Wartestand von Paulus erfährt, dass er »jetzt das Offizielle von Nürnberg aus in Händen« habe, zögert Hegel, aufgrund der schlechten Erfahrung, sein Amt anzutreten. Von dem neuen Schul- und Lehrplan, der sich auf das Niethammer'sche »Normativ« bezieht, hat er keine Kenntnis. Deshalb meint Hegel: »... vor dem Eintreffen desselben wird keine Amtstätigkeit von mir gefordert werden, indem sie nur darin bestehen könnte, die aus 5 bis 6 Schülern bestehende Schule des alten Rektors in ihrer alten

2. Vom Redakteur zum Rektor

Form ein paar Tage fragmentarisch zu übernehmen. Selbst nach Eintreffen des Lehrplans werden wenigstens ein paar Tage, für den Lehrer der philosophischen Vorbereitungswissenschaften mehr als für andere, die an einem Autor einen bestimmten Plan und Faden haben, aber auch für diese – nötig sein, um ihr halbjähriges Pensum zum Voraus zu übersehen. – Ich weiß auch noch gar nichts weder über die philosophischen Lehrgegenstände oder Wissenschaften, die auf einem Gymnasium zu lehren sein werden, noch über Bücher, die dabei als Leitfaden zu Grunde zu liegen haben, noch ob mein Unterricht verschiedenen Klassen, also verschieden, wie ich aus der Bestimmung in Kleins hiesiger Anstellung fast fürchten muss, zugeteilt werden wird.« Aus diesen Gründen sieht er keine Veranlassung, nach Nürnberg zu kommen.

Hegel wird als Rektor – wie auch sein Vorgänger – in der Amtswohnung über den Schulräumen wohnen. Zwar gibt es den Plan, das seit 50 Jahren nicht renovierte Gebäude tünchen zu lassen, aber für die Wohnung selbst ist kein Geld vorgesehen. Nach einem Jahr wird er sich über den Zustand seiner Behausung beschweren: »Unsere Bauhoffnungen sind nicht erfüllt worden; seit es anfängt kalt zu werden, leide ich fortwährend an Rheumatismen und habe meine Rede mit Zahnschmerzen und geschwollenem Backen gehalten, denn die Zugluft auf meinem Zimmer ist zwar fähig, einer Äolsharfe angenehme Töne zu entlocken, aber mir nur Plage zu machen.«

Wann Hegel sein Zögern aufgegeben und die Reise nach Nürnberg angetreten hat, ist nicht genau zu ermitteln. Sie wird wohl in den letzten Novembertagen erfolgt sein, denn eine Woche nach Amtsantritt schreibt er am 14. Dezember an Niethammer:

»Paulus hat gestern vor 8 Tagen das Neue (Gymnasium) mit einer Rede eröffnet und eingeleitet, – in Gegenwart des Herrn General Kommissarius und anderer Vorsteher; worauf meine Eidesleistung folgte und der Anfang des vorläufigen Examens, das ich eröffnete; dies Examen hat durch alle Klassen des Gymnasiums und der Trivialschulen die ganze Woche über gedauert; nach demselben ist die Klassifikation der Schüler (das Gymnasium hat deren 30, davon acht in der Oberklasse) verfasst worden, und der Gymnasialunterricht hat somit in dieser Woche angefangen ... Sie sehen, dass es eine Hauptsache schien, dass ein Anfang gemacht werde, und dieser ist gemacht. Jedoch habe ich mein Pensum diese Woche noch nicht beginnen können, um der vorläufigen Geschäfte, die niedrigeren Anstalten betreffend, willen. Bekannt ist Ihnen, wie viel von der ökonomischen Seite fehlt, um eigentlich einen Anfang machen zu

2. Vom Redakteur zum Rektor

können; dieser Umstand sieht arg aus; auf die Regierung würde durch einen Zustand, in welchem für kein Mittel noch gesorgt ist, ein harter Schein von imprévoyance fallen, wenn dieses Unpassende nicht seinen Grund in der Organisation hätte, was aber vielleicht noch leidiger ist.«

Inzwischen ist das Niethammer'sche »Normativ«, das die Schulorganisation regelt und den Lehrplan vorgibt, in Nürnberg angekommen. Der Kreisschulrat Paulus referiert, worin die Leitlinien des neu zu gestaltenden Gymnasiums bestehen: »Eigentümlich aber und charakteristisch für die Zeit ist die philosophische Auffassung und Richtung, die sich von vornherein in den folgenden Definitionen ausspricht: Das Gymnasialinstitut hat seine Lehrlinge vorzugsweise mit dem gelehrten Sprachstudium und der Einleitung in das spekulative Studium der Ideen zu beschäftigen ... Am bemerkenswertesten ist hierbei das große Gewicht, welches der Schulplan auf die Philosophie als allgemeines Bildungsmittel legte, indem für diesen Unterrichtsgegenstand nicht weniger als vier wöchentliche Stunden in jeder Gymnasialklasse angesetzt waren ... Es muss dabei als Hauptgesichtspunkt immer im Auge behalten werden, dass in diesem Teile des Gymnasialstudiums die wesentliche Aufgabe ist, die Schüler zum spekulativen Denken anzuleiten und sie darin durch stufenweise Übung bis zu dem Punkte zu führen, auf dem sie für das systematische Studium der Philosophie, womit der Universitätsunterricht beginnt, reif sein sollen.«

Angesichts eines solchen Bildungsanspruches hält Paulus seine Meinung nicht zurück. Er bemerkt, was in einer »für uns unbegreiflichen Weise der Fassungskraft 14- bis 18jähriger Schüler zugemutet wurde«. Diese Zumutung stellt auch das Lehrpersonal vor erhebliche Probleme. »Man kann sich ungefähr denken, wie im allgemeinen die Gymnasialrektoren oder andere Lehrer an deren Stelle solchen Unterricht mögen versehen haben. Für den Philosophen Hegel aber, der nun als Rektor am Gymnasium zu Nürnberg eintrat, war jener philosophische Lehrgang gleichsam auf den Leib geschneidert.«

Kurz nach Eintreffen in Nürnberg berichtet er Niethammer, dass ihn die Amtsaufgaben derart in Anspruch nehmen, dass er noch keine Zeit gefunden hat, sich genauer mit dem Normativ zu befassen. Aber er befindet: »... dass die hiesigen Leute ein guter Schlag Menschen sind, bei denen es her gebracht ist, das gut aufzunehmen, was ihnen widerfährt, so fühlen sich alle durch den bisherigen noto-

2. Vom Redakteur zum Rektor

risch schlechten Zustand zur Dankbarkeit gegen die Verbesserung überhaupt aufgefordert.« Und später notiert er: »... gutmütig scheinen die Leute, und auch wohlgesinnt und dankbar gegen bessere, besonders Schuleinrichtungen, und wenn die alles Aufkeimen von Zutrauen hindernde Salopperie nicht wäre, so würden unsere Anstalten bereits sich Freude und Dank beim Publikum gewinnen.«

Im Februar erhält Hegel die erste Besoldung: als Professor 900, als Rektor 100 Gulden – mit freier Wohnung. Er muss sich jedoch über die Abrechnung ärgern, denn: »Der Administrator hat den Anstand, dass er dies auslegt: soviel mit freier Wohnung inklusive – d. h. dass die Wohnung abgezogen würde und zwar als angeschlagen zu 100 Gulden – In diesem Fall muss ich gestehen, dass ich gern jedem das Rektorat abtreten würde.« Und er legt nach: »Der Administrator hat wegen der obigen Erklärung eine Anfrage bei der höheren Behörde gemacht; fiele die Antwort so aus, dass die Wohnung als angeschlagen zu 100 Gulden die Besoldung des Rektors ausmache, so würde ich Sie ersuchen müssen, mir das Rektorat abzunehmen. Schon nach der besseren Erklärung hat die Besoldung mit der Zeitvertrödelei, die das Rektorat mit sich bringt, wenig Verhältnis ... Wie gesagt, vor der Hand, ehe das Jahr um ist, lasse ich mir die gemeine Meinung, dass die Rektoratsbesoldung zu gering sei, noch nicht ganz nahe kommen.« Und zum Schluss stellt er fest, »dass es in Nürnberg teurer zu leben ist als in Passau und Bamberg, in welchem Orte ich circa 1/3 mehr Einnahme hatte, als hier«.

Noch stärker fällt ins Gewicht, dass die Besoldung sehr unregelmäßig erfolgt. Immer wieder müssen er und seine Lehrer zwei Monate auf ihr Geld warten.

Wie vorher in Jena und Bamberg sucht Hegel auch in Nürnberg gesellschaftliche Kontakte über das normale Schulleben hinaus. Als Rektor sieht er in den Lehrern seiner Schule Kollegen, mit denen er gute Beziehungen pflegt. Er wird in deren Häuser eingeladen. Das »Museum« ist der Ort, an dem das Bildungsbürgertum sich einfindet.

R Von Hermann Glaser wissen wir, dass die »Gesellschaft Museum« als »Geselligkeits- und Lesegesellschaft mit zunächst 328 Mitgliedern entstanden war ... Das Gesellschaftshaus wurde mit späterer Adresse Königstraße 1 auf dem Areal des ehemaligen Franziskanerklosters ... mit zwei Lesekabinetten (zeitweilig mit eigenem

2. Vom Redakteur zum Rektor

Bibliothekar), Spiel- und Gesprächszimmern, Gesellschaftssaal und Kegelbahn errichtet.«

W Hegel ist fast täglich dort zu finden, wohl auch, weil er hier neben vielfältigen deutschsprachigen Blättern auch französische und englische Journale findet. Solange der Freund Paulus als Kreisschulrat in Nürnberg weilt, verkehrt er in dessen Haus. Er wird mit dem rührigen und einflussreichen Marktvorsteher Paul Wolfgang Merkel bekannt. Bei dessen geselligen Runden lernt er weitere Honoratioren des Stadtadels kennen: Ratsherr Jobst von Tucher und Freiherr Georg von Grundherr, deren Söhne bei ihm in die Schule gehen. Wie eng Hegel schon nach zwei Jahren in Nürnberg mit den Familien Grundherr, Tucher und Merkel vernetzt ist, ergibt sich aus einem Brief von Caroline Paulus, den sie mit den Worten schließt: »Darf ich Sie bitten, der Frau v. Grundherr und von Tucher nebst meiner freundschaftlichen Empfehlung zu sagen, dass ich an beide schon geschrieben haben würde, wenn ich nicht im Sinne hätte, recht bald nach Nürnberg zu kommen. Auch an Fräulein von Tucher empfehlen Sie mich und die Emmi. Wie ich im Merkel'schen Hause empfohlen sein möchte, wissen Sie am besten, recht warm und herzlich. Leben Sie wohl, und erinnern Sie Hrn. Merkel daran, dass er mir versprochen hat, uns mit Ihnen zu besuchen. Caroline Paulus.«

R Die besondere Erwähnung des Fräulein von Tucher haben wir ja bereits kommentiert.

Trotz der geselligen Abwechslung vom Schulalltag und der Arbeit an der »Logik« scheint Rektor Hegel eine besondere Art der Einsamkeit zu verspüren. Dieses Gefühl eines Mangels bekundet er im Oktober 1809, noch kein Jahr im Amt. An Freund Niethammer schreibt er: »... ein anderes Geschäfte wünschte ich auch endlich vorzunehmen und auszuführen, nämlich eine Frau zu nehmen oder vielmehr zu finden! Was sagen Sie dazu? Wäre nur die beste Frau hier, ich würde nicht ruhen, sie zu bitten, dass sie sich dazu verstünde, mir eine zu verschaffen; denn zu jemand anderem hätte ich dies Zutrauen nicht, am wenigsten zu mir selber. – Ich bin nächstens 40 Jahre alt, und ein Schwabe; ich weiß daher nicht eigentlich, ob ich nicht geschwind vorher noch, eh ich es ganz werde, diesen Schritt zu tun habe, weil es nachher nicht mehr erlaubt wäre; oder aber ob sich bereits die Wirkung der schwäbischen 40 Jahre bei mir äußert ... Der besten Frau küsse ich tausendmal ihre schönen Hände.« Hegel verschweigt, dass ihm sein Freund, der Kreisschulrat Paulus,

2. Vom Redakteur zum Rektor

seine Tochter als Ehefrau angetragen hat, ein Angebot, das er jedoch ablehnte. Im April 1811 informiert Hegel seinen Freund Niethammer über eine besonders private Angelegenheit: »die Verbindung mit einem lieben, lieben, guten Mädchen ... Seit vorgestern habe ich die Gewissheit, dass ich dies liebe Herz mein nennen darf. – Ich weiß, Sie wünschen mir herzlich Glück dazu ... Sie heißt – Marie von Tucher«.

Die gerade zwanzigjährige junge Frau muss dem vierzig Jahre alten Hegel regelrecht den Kopf verdreht haben. Niethammer gegenüber bekennt er: »Ich erspare mir die Beschreibung, wie glücklich ich mich fühle.« Und er spricht schon von »meiner Marie«.

W Wie die beiden sich kennenlernen und welche Umstände mit der späteren Hochzeit verbunden sind, werden wir in einem eigenen Kapitel schildern. Die Eheschließung ist nämlich an bestimmte Bedingungen gebunden. Sie wird schließlich am 16. September 1811 stattfinden.

R Hegel betrachtet Niethammer, durch dessen Vermittlung er nach Nürnberg gekommen ist, als »Schöpfer« seines Glücks. Er schreibt ihm: »Sie sind der Schöpfer auch dieses Teils meines Glücks; ich habe damit im Ganzen – einige noch wünschenswerte Modifikationen abgerechnet – mein irdisches Ziel erreicht, denn mit einem Amte und einem lieben Weibe ist man fertig in dieser Welt; es sind die Hauptartikel dessen, was man für sein Individuum zu erstreben hat; das übrige sind keine eignen Kapitel mehr, sondern etwa nur Paragraphen oder Anmerkungen.«

W Diese Zufriedenheit lässt sich jedoch noch steigern, denn das Amt, das ihm Niethammer vermittelt hat, ist nicht das, wozu sich Hegel letztlich berufen fühlt. Endziel seines beruflichen Strebens ist das Katheder an einer Universität. Seinem Freund Isaac von Sinclair bekennt er: »Was meine Wünsche betrifft, so habe ich keine über den Gedanken, den Du hast; mein einziges und letztes Ziel ist, Lehrer auf einer Universität zu sein.«

R Immer wieder bittet und drängt er Niethammer, für ihn eine entsprechende Stelle an einer Universität zu finden. Denn auch seine Ernennung zum Stadtschulrat, eine Funktion, die ihm jährlich dreihundert Gulden einbrachte, stellte ihn nicht wirklich zufrieden. Mit dem Reskript vom 16. Oktober 1813 wurde »Rektor Hegel dahier das Referat in Schul- und Studiensachen bei dem Königlichen Stadtkommissariat dahier allergnädigst übertragen«.

W Hegel wollte jedoch nicht als »Schulrat« angesprochen werden. Dafür dürfte er wohl seine Gründe gehabt haben. Diese Aufgabe war noch zeitaufwändiger als das Rektorat. Zum Glück war seine »Wissenschaft der Logik« schon im Frühjahr 1813 bei Schrag in Nürnberg erschienen.

3. Hegels Idee humanistischer Bildung

»Der Streit des Philanthropinismus und Humanismus in der Theorie des Erziehungs-Unterrichts unsrer Zeit«: Trotz des sperrigen Titels wurde diese Streitschrift zum wichtigsten Werk der Bildungsdebatten im ersten Jahrzehnt des 19. Jahrhunderts – vorbereitet durch Herders »Briefe zur Beförderung der Humanität« (1793 bis 1797).

Auf dem Titelblatt des 1808 bei Friedrich Frommann in Jena erschienenen Buches heißt es: »... dargestellt von Friedrich Immanuel Niethammer, der Philosophie und Theologie Doctor, der Königlichen Akademie der Wissenschaften zu München außerordentlichem wirklichem Mitgliede, Königlich Baierischem Central- Schul- und Studienrathe bei dem Geheimen Ministerium des Innern«. Statt eines Untertitels ist zu lesen: »Ihrer Königlichen Majestät der Königinn (sic) Caroline von Baiern in tiefster Ehrfurcht gewidmet von dem Verfasser«.

R Die Anrede nach dieser Widmung offenbart neben Niethammers Selbstverständnis auch sein spezifisches Sendungsbewusstsein: »Allergnädigste Königin! Wer für eine heilige Angelegenheit der Menschheit spricht, darf mit der Zuversicht, nicht ungehört zu sprechen, an Eure Königliche Majestät sich wenden.« Was hier in den Rang der Heiligkeit erhoben wurde, war die »öffentliche Bildung« in den Unterrichtsanstalten des Königreichs Baiern (damals noch nicht mit »y«).

W Als Gegenentwurf zu seinem Leitbegriff des Humanismus wählte Niethammer das heute ganz fremd wirkende Wort »Philanthropinismus«. Er gebrauchte es polemisch, um die Anhänger einer Erziehung zu stigmatisieren, die am praktischen Nutzen für eine »einträgliche Produktion« orientiert waren. Ihre vermeintliche Menschenfreundlichkeit degradiere die Schulen zu »Vorschulen für Lehrlinge« und lasse für das gesamte Gesellschaftssystem nichts anderes gelten als den »Trieb nach Geld und Gewinn«.

R »Humanismus« – ein Wort, das erst durch Niethammers Streitschrift in Umlauf kam – verlange als »Wohltat für die Menschheit«,

3. Hegels Idee humanistischer Bildung

die Bildung zur Vernunft nicht durch die Ausbildung zum Beruf zu ersetzen. Humanistische Bildung könne in erster Linie durch das Erlernen der alten Sprachen und die Auseinandersetzung mit der Literatur der Griechen und Römer erworben werden. In dieser Überzeugung bestärkten Niethammer und Hegel einander wechselseitig.

W In der Bamberger Zeitung vom 17. Juni 1808 hat Hegel Niethammers Streitschrift besprochen: »Der Hr. Vf. begreift unter Philanthropinismus, die von den Philanthropinen ausgegangene Ansicht des Erziehungswesens, welche den Zweck des Erziehungsunterrichts nur in eine Bildung des Menschen für seinen zeitlichen Beruf, in eine Ausrüstung mit recht vielen brauchbaren Kenntnissen, Erwerbung technischer Fertigkeiten u.s.f. setzt; unter Humanismus dagegen die Ansicht, welche die allgemeine Bildung des Menschen, die Bildung des Geistes an und für sich zum Zwecke macht.«

R Ich zitiere weiter: »Dieser Gegensatz der Pädagogik, der zunächst in Ansehung des Gymnasialunterrichts in allgemeinere Anregung gekommen ist, wird in der angezeigten Schrift in seiner Allgemeinheit untersucht, und in einem besondern Abschnitt in seiner Anwendung auf die verschiedenen Arten des Erziehungs-unterrichts betrachtet. Es erhellt, wie interessant und wichtig eine solche Untersuchung zu einer Zeit ist, wo von deren Entscheidung die Art und Weise der gesamten Einrichtung der öffentlichen Unterrichtsanstalten von ganzen Ländern, und somit die Wohlfahrt von Generationen abhängt.«

Niethammer konkretisierte seinen humanistischen Bildungsanspruch in seinem »Allgemeinen Normativ der Einrichtung der öffentlichen Unterrichtsanstalten«, welches durch königliches Edikt vom 3. November 1808 an sämtliche General-Kreis-Kommissariate (Kreisregierungen) erlassen wurde. Es handelt sich dabei um den Lehrplan für das von ihm konzipierte Humanistische Gymnasium, den er als Verantwortlicher im Bayerischen Bildungsministerium vorlegte.

Der in diesem Normativ gefasste Philosophieunterricht ist in gewisser Weise auf die Person Hegels als Lehrer für die Vorbereitungswissenschaft zugeschnitten. Hegel ist sich dessen durchaus bewusst. An Niethammer schreibt er am 28. August 1808: »Noch hübscher aber ist es, dass Sie Ihr persönliches Interesse mit dieser Anstalt verknüpfen wollen. Die Aussicht, die Sie für mich dahin erhalten, wäre schon an sich vom größten Werte für mich, aber dieser Umstand erhebt sie vollends über alles, – die Hoffnung zu haben, mit Ihnen selbst in ein gemeinsames Lebwesen und Lehr- und Tatarbeit zu kommen.«

Bezüglich des Philosophieunterrichts am Gymnasium legt er fest: »Es muss dabei als Hauptgesichtspunkt immer im Auge behalten werden, dass in diesem Teile des Gymnasialstudiums die wesentliche Aufgabe ist, die Schüler zum spekulativen Denken anzuleiten, und sie darin durch stufenweise Übung bis zu dem Punkte zu führen, auf dem sie für das systematische Studium der Philosophie, womit der Universitäts-Unterricht beginnt, reif sein zu lassen.«

Bevor Hegel im Besitz des Normativs war, erläuterte Paulus, der Bildungskommissar für Franken, dessen spezielle Aufgabe als Philosophielehrer: »Eigentümlich aber und charakteristisch für die Zeit ist die philosophische Auffassung und Richtung, die sich von vornherein in den folgenden Definitionen ausspricht: Das Gymnasialinstitut hat seine Lehrlinge vorzugsweise mit dem gelehrten Sprachstudium und der Einleitung in das spekulative Studium der Ideen zu beschäftigen.« Als Stufengang dieses Studiums wird dann vorgeschrieben: für die Unterklasse (erste Gymnasialklasse oder Untersekunda) Logik mit logikalischen Übungen, abweichend hievon sind im Normativ für die Unterklasse Religions-, Rechts – und Pflichtenkenntnis, dann für die untere Mittelklasse logikalische Übungen eingesetzt — für die untere Mittelklasse (Obersekunda) Kosmologie als erstes materielles Objekt der spekulativen Denkübung, »um den Jüngling jetzt mit seinem spekulativen Denken zuerst aus sich hinaus zum Philosophieren über die Welt zu führen, womit zu verbinden die natürliche Theologie und wobei zu gebrauchen die kantischen Kritiken der Beweise für das Dasein Gottes; für die obere Mittelklasse (Unterprima) Psychologie, wobei zu benutzen die psychologischen Schriften von Carus, und woran sich schließen sollen die ethischen und rechtlichen Begriffe, für welchen letzteren Lehrkursus die kantischen Schriften vorläufig ausreichen; endlich in der Oberklasse (Oberprima) werden die zuvor einzeln behandelten Objekte des spekulativen Denkens in einer philosophischen Enzyklopädie zusammengefasst«.

Niethammer hat im Bayerischen Innenministerium einige Opponenten der Katholischen Fraktion, in vorderster Front Kajetan von Weiller, die sein Bildungskonzept bestritten und boykottierten.

3. Hegels Idee humanistischer Bildung

Zunächst scheint er sich durchsetzen zu können. Dazu bemerkt Hegel: »Die Hauptidee, die Trennung der gelehrten und reellen Bildung, habe ich in einigen Andeutungen mit besonderer Befriedigung durchgesetzt gefunden.«

Nachdem ihm das »Normativ« schließlich zugegangen war, gibt Hegel Niethammer kund, wie er dessen Vorgaben zu erfüllen beabsichtigt: »Mit der philosophischen Enzyklopädie in der Oberklasse verbinde ich, wie ich dies nach meinem Plane der Enzyklopädie sehr leicht kann, noch transzendentale und subjektive Logik um so mehr, da diese Klasse so gut als keinen Unterricht darin hatte, dieser also für sie höchstes Bedürfnis ist. In der Mittelklasse gedenke ich gewissermaßen Psychologie, nämlich mehr als Geisteslehre denn als Seelenlehre in der bisherigen, gleichsam naturgeschichtlichen, völlig unspekulativen oder durch keinen Begriff zusammenhängenden Weise vorzunehmen. Ich glaube, auf diese Weise die Intention des Normativs sowohl der Materie nach, als der Form, die Schüler zum spekulativen Denken anzuleiten, nach, zu erfüllen und das zu leisten, was Sie mit der Hinweisung auf Carus und Kants Kritik beabsichtigten.«

Hegel ist der Überzeugung, dass Philosophie auf dem Gymnasium lehrbar sei. Seinem Freund Sinclair schreibt er diesbezüglich: »Ich bin ein Schulmann, der Philosophie zu dozieren hat, und halte vielleicht auch deswegen dafür, dass die Philosophie so gut, als die Geometrie, ein regelmäßiges Gebäude werden müsse, das dozibel sei so gut als diese; ein anderes aber ist wieder die Kenntnis der Mathematik und Philosophie, ein anderes das mathematische erfindende prokreierende Talent, wie das philosophische. Meine Sphäre ist, jene wissenschaftliche Form zu erfinden oder an ihrer Ausbildung zu arbeiten.«

1812 schreibt er »Über den Vortrag der Philosophie am Gymnasium«:

»Das Verfahren im Bekanntwerden mit einer inhaltsvollen Philosophie ist nun kein anderes als das Lernen. Die Philosophie muss gelehrt und gelernt werden, so gut als jede andere Wissenschaft. Der unglückselige Pruritus, zum Selbstdenken und eigenen Produzieren zu erziehen, hat diese Wahrheit in Schatten gestellt, – als ob, wenn ich, was Substanz, Ursache, oder was es sei, lerne, ich nicht selbst dächte als ob ich diese nicht selbst in meinem Denken produzierte, sondern dieselben als Steine in dasselbe geworfen würden, – als ob

3. Hegels Idee humanistischer Bildung

ferner, indem ich ihre Wahrheit, die Beweise ihrer synthetischen Beziehungen, oder ihr dialektisches Übergehen einsehe, nicht selbst diese Einsicht erhielte nicht selbst von diesen Wahrheiten mich überzeugte, – als ob, wenn ich mit dem pythagoreischen Lehrsatz und seinem Beweise bekannt geworden bin, nicht ich selbst diesen Satz wüsste und seine Wahrheit bewiese. Sosehr an und für sich das philosophische Studium Selbsttun ist, ebensosehr ist es ein Lernen – das Lernen einer bereits vorhandenen, ausgebildeten Wissenschaft. Diese ist ein Schatz von erworbenem, herausbereitetem, gebildetem Inhalt; dieses vorhandene Erbgut soll vom Einzelnen erworben, d. h. gelernt werden. Der Lehrer besitzt ihn; er denkt ihn vor, die Schüler denken ihn nach.« Von Niethammer erhält Hegel die Anfrage, ein philosophisches Vorlesebuch für den Philosophieunterricht zu erstellen, ein Projekt, das dieser nicht realisieren wird.

Ganz im Sinne des Niethammer'schen Bildungskonzepts verteidigt Hegel als Rektor im »Gutachten über die Stellung des Realinstituts zu den übrigen Studienanstalten« vom 19. September 1810 das Gymnasialstudium »als Studium der Humaniora, der allgemeinen menschlichen Bildung«. Die Verteidigungsschrift ist seine höchst offizielle, an das Königliche Generalkommissariat in München adressierte Apologie der »studia humanitatis« im Allgemeinen und des humanistischen Gymnasiums im Besonderen.

»Zuvörderst wird die Bemerkung vorausgeschickt werden können, dass die Wünsche des Publikums ... in keine Betrachtung zu nehmen sein werden, als es Eltern gibt, die bloß das Fortkommen ihrer Kinder in der Welt, mit der wenigsten Anstrengung von Seiten dieser und den wenigsten Kosten von ihrer Seite, bewerkstelligt zu sehen wünschen ... Insbesondere erinnern sich solche Eltern von der griechischen und lateinischen Sprache nur der herben Mühe, die sie in ihrer Jugend bei schlechten Einrichtungen und nach schlechten Methoden darauf wenden mussten ... Überhaupt kann unterzeichnetes Rektorat die Unfähigkeit zu den alten Sprachen nicht in dem Mangel eines spezifischen Talents für dieselben finden, sondern in der Unfähigkeit zu einer höher gehenden geistigen Bildung insgesamt.«

W Hegel hat größten Wert darauf gelegt, seinen Begriff der Bildung von der herkömmlichen Vorstellung angesammelten Wissens zu unterscheiden und »gebildet« nicht mit »gelehrt« zu verwech-

3. Hegels Idee humanistischer Bildung

seln: »Die Gelehrsamkeit besteht vorzüglich darin, eine Menge unnützer Sachen zu wissen.«

R Im Hegel'schen Bildungsbegriff verwirklicht sich nicht weniger als die Idee eines »vollkommen gebildeten Bewusstseins«. Hermann Glockner sieht darin die zentrale »Zumutung« jeder ernsthaften Beschäftigung mit der Pädagogik und der Philosophie Hegels. Die Zumutung besteht darin, den Begriff der Bildung mit Blick auf die Dialektik der Bewusstseinsbildung als Selbstverwirklichung des Geistes zu verstehen.

W Paul Cobbens Hegel-Lexikon formuliert es so: »In der Entfaltung seines philosophischen Systems bedeutet die Bildung das konstituierende Prinzip des Geistes, und weil der Geist sich entfaltet, ist die Bildung das Bewegungsprinzip des Geistes.«

R Die Vorrede der Phänomenologie des Geistes erwähnt das Wort Bildung zehn Mal. Als Begriff wird Bildung zum Gegenstand des gesamten Werkes: »Die Aufgabe aber, das Individuum von seinem ungebildeten Standpunkte aus zum Wissen zu führen, war in ihrem allgemeinen Sinn zu fassen und das allgemeine Individuum, der Weltgeist, in seiner Bildung zu betrachten.«

W Für den Weltgeist haben wir ein eigenes Kapitel vorgesehen. Kümmern wir uns erst einmal um die noch ungebildeten Individuen in der Oberklasse Hegels. Das bevorzugte Bildungsmittel ist für sie die Sprache. Denn sprechend bildet der Mensch sich selbst und bilden die Menschen einander. Das war die Bildungsidee der »studia humanitatis« – so die übliche Lehrplanbezeichnung am Beginn der Neuzeit.

R Das Gymnasium hat seinen Schülern diese Bildungsidee der griechischen und römischen Antike und ihre Wiedergeburt in der Renaissance zu vermitteln, wenn es ein »humanistisches Gymnasium« sein will. In Niethammers »Normativ« für die »Einrichtung der öffentlichen Unterrichtsanstalten« von 1808 wird vom »Gymnasialinstitut« eine »schon ausgebreitete Bekanntschaft mit dem Wortvorrat der lateinischen und griechischen Sprache« verlangt.

W Bei Hegel liest man: »Mit dem Erlernen der alten Sprachen ist das höhere Studium der grammatischen Begriffe zuerst und dann der klassischen Literatur verbunden und darin das Eigentümliche des Gymnasialunterrichts vornehmlich zu setzen.«

R Hegels Position wird in zwei Reden spezifiziert, die er zum Abschluss der Schuljahre 1809 und 1811 gehalten hat. Wir fassen die

3. Hegels Idee humanistischer Bildung

tragenden Gedanken zusammen, zitieren zentrale Sätze und diskutieren den humanistischen Geist, der daraus spricht ...

W ... insbesondere im Hinblick auf die Frage, ob die Hegel'sche Apologie obsolet ist oder immer noch beziehungsweise wieder aktuell erscheint.

R Die neue Institution des Gymnasiums ist für Hegel kein bloßes Experiment. Ihr Zweck ist die Vorbereitung zum gelehrten Studium, und zwar erbaut »auf dem Grund und Boden der Griechen und Römer«. Dieser Boden kann aber nur durch Anpassung an die veränderten Verhältnisse erhalten werden. Die Gymnasialanstalt erfüllt das Bedürfnis der Zeit dadurch, dass sie »das Alte in ein neues Verhältnis zu dem Ganzen setzt und dadurch das Wesentliche desselben ebensosehr erhält, als sie es verändert und erneuert«.

W Wie »modern« Hegel hier dachte, zeigt ein kurzer Blick in das Standardwerk der Philosophischen Hermeneutik des 20. Jahrhunderts, Hans-Georg Gadamers »Wahrheit und Methode«. Das dort entwickelte Prinzip des »hermeneutischen Vorrangs der Frage« besagt – in Beibehaltung der Hegel'schen Begriffe –, das Alte kann nie als solches verstanden werden, sondern immer nur aus der Perspektive des Neuen.

R Hegel ist sogar moderner als Gadamer, weil er das Alte nicht nur hermeneutisch aus der Perspektive des Neuen »versteht«, sondern es auch dialektisch »erneuert«. Folgen wir seiner Apologie weiter.

Hegel konstatiert, dass das Erlernen der lateinischen Sprache »als einziges höheres Bildungsmittel« gegolten hat. Es erhebt sich aber Widerstand gegen das »unselig gewordene Lateinlernen« und es entsteht das Bedürfnis, »die Schätze der Wissenschaft in seiner eigenen Sprache ausdrücken« zu wollen, und das weitere Bedürfnis, nützliche Sachkenntnisse zu erwerben.

Durch die Parallelführung eines Gymnasiums und einer Realschule als »Schwesteranstalt« werden verschiedene Bildungswege eröffnet, die bei der letzteren eine »Unabhängigkeit von der alten Literatur« ermöglicht. Dem Gymnasium bleibt dafür das »alte Sprachenstudium erhalten« und das Studium der klassischen Literatur. »Die Vollendung und Herrlichkeit dieser Meisterwerke muss das geistige Bad, die profane Taufe sein, welche der Seele den ersten und unverlierbaren Ton und Tinktur für Geschmack und Wissenschaft gebe.«

3. Hegels Idee humanistischer Bildung

R Aus solchen Sätzen spricht der Geist eines Philosophen, der sich nicht mit abstrakt-allgemeinen Begriffen zufrieden gibt, sondern seine Erfahrung mit den genialen Meisterwerken der Alten in leidenschaftlicher Rede kongenial zu konkretisieren versteht.

W Der Großmeister der Dialektik vermittelt zwischen Antike und Gegenwart: »Die Welt und Sprache der Alten« trennt uns nicht nur von unserer Welt und unserer Sprache; sie »enthält zugleich alle Anfangspunkte und Fäden der Rückkehr zu uns selbst, der Befreundung mit ihr und des Wiederfindens seiner selbst, aber seiner nach dem wahrhaften allgemeinen Wesen des Geistes«.

R Wie gesagt: Hegel mutet seinen Schülern zu, die Bildung des Bewusstseins als Selbstfindung des Geistes in seiner Entwicklung zum Weltgeist seit der Antike nachzuvollziehen.

W »Bei dem Namen Griechenland ist es dem gebildeten Menschen in Europa ... heimatlich zu Mute ... Wissenschaft und Kunst wissen wir von Griechenland.« Die ersten Schritte zur Aneignung des »heimatlichen« Geistes der Griechen erfolgen im Studium der Sprache und ihrer Grammatik.

»Die Grammatik hat nämlich die Kategorien, die eigentümlichen Erzeugnisse und Bestimmungen des Verstandes zu ihrem Inhalte; in ihr fängt also der Verstand selbst an, gelernt zu werden ... Das grammatische Erlernen einer alten Sprache hat zugleich den Vorteil, anhaltende und unausgesetzte Vernunfttätigkeit sein zu müssen; indem hier nicht, wie bei der Muttersprache, die unreflektierte Gewohnheit die richtige Wortfügung herbeiführt, sondern es notwendig ist, den durch den Verstand bestimmten Wert der Redeteile vor Augen zu nehmen ... Somit aber findet ein beständiges Subsumieren des Besonderen unter das Allgemeine und Besonderung des Allgemeinen statt, als worin ja die Form der Vernunfttätigkeit besteht.«

W Im ersten Kapitel haben wir erläutert, wie Hegel jenes »Subsumieren des Besonderen unter das Allgemeine« im Schulunterricht diktiert, demonstriert und diskutiert hat.

R Dabei sind wir in konsequenter Orientierung an der Bildungsidee Hegels logisch zwingend auf den »konkret-allgemeinen« Begriff gestoßen, in dem die Idee wirklich wird. Am Beispiel der »Apologie des Sokrates« kann gezeigt werden, was dies bedeutet: das Wort »Apologie« nicht einfach abstrakt mit »Verteidigung« zu übersetzen, sondern die apologetischen Argumente des Sokrates so konkret zu schildern, dass sie Gestalt und Gehalt gewinnen.

3. Hegels Idee humanistischer Bildung

In der Rede zum Abschluss des Schuljahres 1811 am 2. September – vierzehn Tage vor der Hochzeit mit Marie von Tucher – geht es um »Das Verhältnis der Schule und des Schulunterrichts zur sittlichen Bildung des Menschen überhaupt«. »Bildung« war für den in Ganzheiten denkenden Dialektiker Hegel immer mehr als geistige und stets auch sittliche Bildung. Sie ist nicht nur von unmittelbaren Belehrungen zu erwarten. »Es ist aber auch die mittelbare Wirkung nicht zu übersehen, welche der Unterricht in Künsten und Wissenschaften hierin ausübt.«

Die »direkte Belehrung über moralische Begriffe und Grundsätze macht einen wesentlichen Teil unseres Unterrichts aus«. Darüber hinaus ist »das Bewusstsein mit den sittlichen Bestimmungen bekanntzumachen«.

W »Moralische« und »sittliche« Bestimmungen müssen strikt auseinandergehalten werden. Moralität wird bei Hegel durch ein moralisches Sollen bestimmt, Sittlichkeit dagegen durch Freiheit: »Die Sittlichkeit ist die Idee der Freiheit, als das lebendige Gute ...« – so steht es in den »Grundlinien der Philosophie des Rechts« von 1821. Wie im Vorwort angekündigt, werden wir Hegel als den Denker der Freiheit unter Rückgriff auf sein Gesamtwerk besonders würdigen.

R Die Rede geht dann auf das Verhältnis von Familie und Schule ein.

»Die Schule steht ... zwischen der Familie und der wirklichen Welt und macht das verbindende Mittelglied des Übergangs von jener in diese aus.« Das Leben in der Familie »ist ein persönliches Verhältnis, der Empfindung, der Liebe, des natürlichen Glaubens und Zutrauens ... Die Schule nun ist die Mittelsphäre, welche den Menschen aus dem Familienkreis in die Welt herüberführt ... In der Gemeinschaft mit vielen unterrichtet, lernt das Kind, sich nach anderen zu richten ... und macht darin den Anfang der Bildung und Ausübung sozialer Tugenden.« Die schulische Erziehung muss »wesentlich mehr Unterstützung als Niederdrückung des erwachenden Selbstgefühls, eine Bildung zur Selbständigkeit sein ... Dies erfordert, dass die Jugend frühe gewöhnt werde, das eigene Gefühl von Schicklichkeit und den eigenen Verstand zu Rate zu ziehen.«

W Wenn man beide Reden zusammenfasst, zielt das Gymnasium auf Selbständigkeit, zu der wesentlich der Philosophie-Unterricht beiträgt. Hegel hat dies zwar nicht expressis verbis formuliert, aber

3. Hegels Idee humanistischer Bildung

der Gedanke schwingt zwischen den Zeilen mit. Zudem folgt Hegel auch hier Niethammer, dessen Gymnasium sich von den Lateinschulen gerade durch den Philosophie-Unterricht unterscheidet.

R Viel zu kommentieren gibt es hier nicht. In der Familie gelten andere Regeln als in der Schule, weil das jeweilige Verhältnis ein anderes ist: Das Familienverhältnis ist der Hort emotionaler Geborgenheit, das Schulverhältnis der Ort geistiger Bildung. Klassenkameraden stehen einander nicht so nah wie Geschwister und Lehrer sind als solche keine Väter.

W So vermittelt die Schule auf gute dialektische Weise zwischen der Wärme der Familie und der Kälte der Welt.

R So weit, so gut. Wir sollten aber hinzufügen, was aus diesen Überlegungen für die konkrete Organisation des Bayerischen Schulwesens folgte. Dazu ist nochmals Niethammer heranzuziehen, nämlich mit seiner »Bekanntmachung über die neue Einrichtung der öffentlichen Unterrichts-Anstalten im Königreiche Baiern«. Die »Studienanstalten« hatten folgende »Haupt-Einteilung«: »Primärschule« bis zum zwölften Lebensjahr der Schüler, dann alternativ das »Progymnasium« oder die »Realschule« bis zum vierzehnten Lebensjahr und schließlich das »Gymnasium« oder das »Realinstitut« bis zum achtzehnten Lebensjahr.

W Ein Übergang aus der Realschule ins Gymnasium wurde nicht zugelassen, »weil der ganze Gymnasialunterricht eine in der Realschule nicht zu erwerbende Fertigkeit in den alten Sprachen voraussetzen muss«.

R Die Angeln, um die sich die Schultüren der Gymnasien drehten, waren Sprache und Literatur der Alten. Für den »Gelehrten-Stand« der Gymnasiallehrer, die diese wertvolle Kultur universaler Bildung weiterzugeben hatten, musste der Staat sorgen. Andernfalls hätte er aufgehört, »in dem geistigen Weltreiche der Bildung der Menschheit ein actives Mitglied zu sein«.

W Dieser letzte Satz aus Niethammers Streitschrift könnte auch aus Hegels Feder stammen.

R Wie die beiden Apologeten der Bildung sich miteinander abstimmten, zeigt ein »Privatgutachten« Hegels »für den Königlich Bayrischen Oberschulrat Immanuel Niethammer« vom 23. Oktober 1812 »Über den Vortrag der Philosophie auf Gymnasien«, aus dem wir bereits zitiert haben.

3. Hegels Idee humanistischer Bildung

W Die Botschaft lautet nochmals zusammengefasst: Mit dem Inhalt der Philosophie »lernt man nicht nur das Philosophieren, sondern philosophiert auch schon wirklich«.

R Zur dialektischen Methode schrieb Hegel: »Das Dialektische ist die Bewegung und Verwirrung aller festen Bestimmtheiten.« In diesem Zusammenhang wendet er sich ausdrücklich von dem verbreiteten pseudodialektischen Dreischrittschema »These – Antithese – Synthese« ab. Insbesondere die Kant'schen »Antinomien« sind für ihn »weiter nichts als geschrobene Antithesen«.

W Die Auflösung der Antinomien erfolge bei Kant nicht als »Erkenntnis des Entgegengesetzten in seiner Einheit« des dialektisch Begriffenen. »Das Begriffene, und dies heißt das aus der Dialektik hervorgehende Spekulative, ist allein das Philosophische in der Form des Begriffs.«

R Mir kommt es so vor, als hätten Niethammer und Hegel einen versteckten Dissens im Verständnis des »Spekulativen«. Hegel schreibt dazu im Gutachten: »Spekulativ denken lernen, was als die Hauptbestimmung des vorbereitenden philosophischen Unterrichts im Normativ angegeben wird, ist ... gewiss als das notwendige Ziel anzusehen; die Vorbereitung dazu ist das abstrakte und dann das dialektische Denken.« Dieses Denken ist in sehr spezifischer Weise »spekulativ«, nämlich in der Herstellung einer Einheit entgegengesetzter Momente in jenem Begriff, der die Wirklichkeit der Idee darstellt.

W Niethammer war Kantianer und vom Gedanken der Wirklichkeit einer Idee weit entfernt. Deshalb stimme ich deiner Vermutung eines versteckten Dissenses in Sachen Spekulation unbedingt zu: Hegel geht, wie soeben zitiert, gerade in seinem Verständnis des spekulativen Denkens als dialektische Selbstbewegung des Begriffs über Kant hinaus. Dieses »Spekulative in der Form des Begriffs« könne »nur sparsam im Gymnasialvortrag vorkommen; es wird überhaupt von wenigen gefasst, und man kann zum Teil auch nicht recht wissen, ob es von ihnen gefasst wird«, räumt Hegel ein.

R Nach vier Jahren Unterricht in Philosophie am Gymnasium kommt Hegel zu einem anderen Urteil als zu Beginn seiner Lehrtätigkeit. Glaubte er anfangs, Philosophie lehren zu können, kommen ihm nun Selbstzweifel. Er schreibt in einem Brief an Niethammer vom 23. Oktober 1812: »Eine Schlussanmerkung fehlt übrigens noch, die ich aber nicht hinzugefügt habe (sc. im Gutachten), weil ich

3. Hegels Idee humanistischer Bildung

darüber noch uneins mit mir selbst bin – nämlich dass vielleicht aller philosophische Unterricht an Gymnasien überflüssig scheinen könnte, dass das Studium der Alten das der Gymnasialjugend angemessenste und seiner Substanz nach die wahrhafte Einleitung in die Philosophie sei.«

W Die Fortsetzung verdeutlicht das Vertrauensverhältnis, das zwischen Hegel und Niethammer bestand: »Allein wie soll ich, der Professor der philosophischen Vorbereitungswissenschaften, gegen mein Fach und meine Stelle streiten, mir selbst das Brot und Wasser abgraben?« Nur aus pekuniären Gründen meint Hegel am Gymnasium ausharren zu müssen. Von der Sache selbst scheint er offensichtlich nicht mehr überzeugt.

R Bis zur Annahme des Rufes nach Heidelberg und der dortigen Antrittsvorlesung am 28. Oktober 1816 sind es noch volle vier Jahre. In dieser Zeit bleibt Hegel formal Gymnasiallehrer, behandelt seine Schüler aber mehr und mehr wie Studenten der Philosophie.

Zur Frage, ob am Gymnasium spekulatives Denken gelehrt werden kann, schreibt Hegel an Niethammer:

> *»Auf den Herbst mögen auch meine Arbeiten für meine Lektionen eine populärere und herablassendere Form gewonnen haben und sich zum Tone eines allgemeinen Lehrbuchs und des Gymnasialunterrichts mehr qualifizieren, denn ich fühle mich jedes Jahr herablassender, vollends dies Jahr, seit ich Ehmann bin. – Zugleich scheint es mit jedem Jahr mehr, dass in dem Gymnasium fast des philosophischen Unterrichts schon etwas zu viel war; – dass nunmehr wegen der Religion eine Stunde wegfällt, tut etwas; inzwischen ist des Guten fast noch etwas mehr, als nötig wäre. – Ich weiß freilich zugleich, dass nach den Allerh. Vorschriften der Unterricht zum Teil oder vornehmlich in praktischen Übungen bestehen soll. Aber wie das spekulative Denken praktisch zu üben sei, davon habe ich keine klare Vorstellung; schon das abstrakte Denken praktisch zu üben, ist höchst schwer ... ".*

W Hegels anfängliche Euphorie bezüglich der Lehrbarkeit spekulativen Denkens scheint durch die Unterrichtspraxis deutlich zu verblassen. Er wird sich der problematischen Herausforderung immer stärker bewusst.

> *»In den offiziellen Erläuterungen zum Normativ vom Herbst 1810 ist bestimmt angegeben, nicht ein Ganzes systematisch zu dozieren, sondern praktische Übungen im spekulativen Denken anzustellen; aber dies scheint mir das Allerschwerste; einen konkreten Gegenstand oder ein Ver-*

hältnis der Wirklichkeit ins Spekulative hinüberzuspielen, ihn so herauszupräparieren, dass er spekulativ gefasst werde, das ist so gut das Letzte, als beim musikalischen Unterricht ein Stück nach dem Generalbass zu beurteilen. – Unter praktischer Übung im spekulativen Denken weiß ich nichts zu verstehen, als wirkliche, reine Begriffe in ihrer spekulativen Form zu behandeln, und dies ist die innerste Logik selbst.«

R Wir begegnen einem beinahe verzweifelten Hegel.

»Aber wohl wird im Gymnasium überhaupt schon zu viel Philosophie gelehrt, in der Unterklasse ließe sie sich füglich entbehren; ich trage darin die abstrakten Rechtsbegriffe und dann die der Moral vor, und indem die Schüler sie in ihrer Bestimmtheit fassen, so haben sie die Übung im abstrakten Denken, formellerweise betrachtet; aber spekulatives Denken kann ich dies noch nicht nennen ... Das Dialektische führt sich selbst herbei, und darin liegt dann das Spekulative, insofern das Positive des Dialektischen aufgefasst wird. Das Dialektische könnte teils nur hie und da beigebracht werden, teils mehr in der Form von Mangelhaftigkeit einer Denkbestimmung, als nach seiner eigentlichen Natur; da es der Jugend zunächst um positiven Inhalt zu tun ist. – Teilen Sie mir Ihre Gedanken über diese meine Ansichten mit, so werde ich mich noch näher über das zu Leistende orientieren können.«

W Diese Aussagen machen deutlich, dass Hegel seine Lehrtätigkeit am Gymnasium als zunehmend problematisch, wenn nicht gar als lästig betrachtet. In dieser Hinsicht sind seine permanenten und fast schon penetranten Forderungen gegenüber Niethammer, sich für die Berufung an eine Universität einzusetzen, zu verstehen. Zwischen April und Oktober 1811 finden sich sechs Briefe mit solchen Forderungen wie dem »Wunsch einer bessern Anstellung«, der Nachfrage nach den »Erlanger Aussichten« oder der Hoffnung, dass in Heidelberg »ein Loch vielleicht für mich offen werden könnte«.

4. Diktate zur Dialektik der Vernunft

R Die im ersten Schuljahr Hegels von 1809 angebotene »Bewusstseinslehre für die Mittelklasse« ist eine kompromisslose Kurzdarstellung seiner »Phänomenologie des Geistes«, deren Diktate – die nach einem Manuskript der Harvard University in den »Nürnberger Schriften« publiziert sind – wir aus Sicht unserer virtuellen Schülerschaft als Zumutung ansehen.

W Die Bewusstseinslehre wird dem Manuskript zufolge als Phänomenologie des Geistes gelehrt und in Paragraphen diktiert. Dass er seine eigene Philosophie vorstellt, ist bereits im vierten Paragraphen zu sehen. Dort heißt es: »Das Subjekt, bestimmter gedacht, ist der Geist. Er ist erscheinend, als wesentlich auf einen seienden Gegenstand sich beziehend: insofern ist er Bewusstsein. Die Lehre vom Bewusstsein ist daher die Phänomenologie des Geistes.«

R Im Unterschied zu seinem 1807 erschienenen Werk, das ursprünglich den Titel »Wissenschaft von der Erfahrung des Bewusstseins« trug und die verschiedenen Bewusstseinsstufen ausführlich entwickelte, verkürzt der Lehrer seine Darstellung auf einzelne stakkatoartige Paragraphen, deren Inhalt die unbedarften Schüler gnadenlos überfordert haben dürfte.

W Worum es in seiner Phänomenologie im Ansatz geht, erklärte Hegel als Selbstanzeige im Intelligenzblatt der Jenaer Allgemeinen Literatur-Zeitung vom 28. Oktober 1807. Dort heißt es: »Dieser Band stellt das *werdende Wissen* dar. ... Sie fasst die verschiedenen *Gestalten des Geistes* als Stationen des Weges in sich, durch welchen er reines Wissen oder absoluter Geist wird. Es wird daher in den Hauptabteilungen dieser Wissenschaft, die wieder in mehrere zerfallen, das Bewusstsein, das Selbstbewusstsein, die beobachtende und handelnde Vernunft, der Geist selbst, als sittlicher, gebildeter und moralischer Geist, und endlich als religiöser in seinen unterschiedenen Formen betrachtet. Der dem ersten Blick sich als Chaos darbietende Reichtum der Erscheinungen des Geistes ist in eine wissenschaftliche Ordnung gebracht, welche sie nach ihrer Notwendigkeit

4. Diktate zur Dialektik der Vernunft

darstellt, in der die unvollkommenen sich auflösen und in höhere übergehen, welche ihre nächste Wahrheit sind.« ...

Mit diesem Überblick wären die Schüler vielleicht in die Lage versetzt worden, zu ahnen, worum es inhaltlich geht. Das überlieferte Manuskript lässt einen solchen Überblick jedoch vermissen.

R Als Paragraph sieben diktiert Hegel: »Das Bewusstsein ist die bestimmte Beziehung des Ich auf einen Gegenstand. Insofern man von dem Gegenstande ausgeht, kann gesagt werden, dass es verschieden ist nach der Verschiedenheit der Gegenstände, die es hat.«

W Wenn hier vom Gegenstand die Rede ist, werden die Schüler wohl an Dinge wie Haus, Baum, Tier etc. denken. Hegel verdeutlicht sprachlich jedoch nicht, dass er von Bewusstseinsgegenständen spricht und dass die »Fortbildung des Bewusstseins« andere Bewusstseinsgegenstände hat.

R Dass sein Wort vom Gegenstand als Bewusstseinsgegenstand zu interpretieren ist, wird im nächsten Paragraphen deutlich. »Das Bewusstsein hat im allgemeinen nach der Verschiedenheit des Gegenstandes überhaupt drei Stufen. Er ist nämlich entweder das dem Ich gegenüberstehende Objekt, oder er ist Ich selbst, oder etwas Gegenständliches, das ebensosehr dem Ich angehört, der Gedanke. Diese Bestimmungen sind nicht empirisch von außen aufgenommen, sondern Momente des Bewusstseins selbst.«

W Hegel unterscheidet »also: 1. Bewusstsein überhaupt, 2. Selbstbewusstsein, 3. Vernunft«.

R Auf der Ebene des Verstandes geht es Hegel um die Aufhebung des vermeintlichen Unterschiedes von Gegenstand und Bewusstsein, wie er in der kantischen Philosophie gemacht wird. Bei Kant ist im Bewusstsein nur die Erscheinung des Objekts gegeben, wohingegen dieses an sich nicht erkannt werden kann.

W Für Hegel ist die kantische Unterscheidung selbst eine Weise des Bewusstseins. Der vermeintliche Unterschied fällt daher in das Bewusstsein selbst. Er kann folglich diktieren: »Bisher war das Bewusstsein in Beziehung auf seinen Gegenstand als ein Fremdes und Gleichgültiges. Indem nun der Unterschied überhaupt zu einem Unterschied geworden ist, der ebensosehr keiner ist, so fällt die bisherige Art des Unterschiedes des Bewusstseins von seinem Gegenstande hinweg. Es hat einen Gegenstand und bezieht sich auf ein Anderes, das aber unmittelbar ebensosehr kein Anderes ist, oder es hat sich selbst zum Gegenstande.«

4. Diktate zur Dialektik der Vernunft

R Der scheinbar fremde Gegenstand wird in das Bewusstsein aufgehoben und erzielt damit eine Fortbildung des Bewusstseins überhaupt, die Hegel auch eine Erfahrung des Bewusstseins nennt.

W In der Werkausgabe der *Phänomenologie* schreibt Hegel dazu: »Diese dialektische Bewegung, welche das Bewusstsein an ihm selbst, sowohl an seinem Wissen als an seinem Gegenstande ausübt, insofern ihm der neue wahre Gegenstand daraus entspringt, ist eigentlich dasjenige, was Erfahrung genannt wird.«

R Die gewonnene Erfahrung hat nun nicht mehr den Gegenstand als ein Fremdes gegenüber, sondern er wird durch diese dialektische Bewegung, das Aufheben des Unterschieds von Bewusstsein und Gegenstand, zu einem neuen Gegenstand, der als Gedanke des Ich erkannt wird.

W Für Kant bleibt das Objekt ein Ding an sich, für Hegel wird es »das Innere der Dinge«. Wörtlich diktiert er: »Das Innere der Dinge ist der Gedanke oder Begriff derselben. Indem das Bewusstsein das Innere zum Gegenstande hat, hat es den Gedanken oder ebensosehr seine eigene Reflexion oder Form, somit überhaupt sich zum Gegenstande.«

R In einem anderen Diktat lässt Hegel zur gleichen Sache folgendes notieren: »In der vernünftigen Betrachtung fällt ... der bisherige Unterschied des Bewusstseins und des Gegenstandes hinweg; es ist darin ebensosehr die Gewissheit meiner selbst als die Gegenständlichkeit enthalten.«

W Der Fortschritt in diesem Bewusstsein führt über die Gegenstandserfahrung zum Selbstbewusstsein. Für dieses sieht Hegel wiederum drei Stufen vor. »Das Selbstbewusstsein hat in seiner Bildung oder Bewegung die drei Stufen: 1. der Begierde, insofern es auf andere Dinge, 2. des Verhältnisses von Herrschaft und Knechtschaft, sofern es auf ein anderes, ihm ungleiches Selbstbewusstsein gerichtet ist, 3. des allgemeinen Selbstbewusstseins, das sich in anderen Selbstbewusstseinen und zwar ihnen gleich, so wie sie ihm selbst gleich, erkennt.«

R Die Dreistufigkeit kann sowohl als inhaltliches Moment wie als dialektische Methode Hegels erfasst werden. Ich schlage vor, dass wir an dieser Stelle uns noch einmal vergegenwärtigen, was Hegel unter Dialektik versteht. In seinem »Vortrag der Philosophie am Gymnasium« erklärt er: »Der philosophische Inhalt hat in seiner

4. Diktate zur Dialektik der Vernunft

Methode und Seele drei Formen; 1. ist er abstrakt, 2. dialektisch, 3. spekulativ.«

W Dies erläutert er folgendermaßen: »Abstrakt, insofern er im Elemente des Denkens überhaupt ist«; als »das sogenannte Verständige, das die Bestimmungen in ihren festen Unterschieden festhält und kennenlernt. Das Dialektische ist die Bewegung und Verwirrung jener festen Bestimmtheiten, die negative Vernunft. Das Spekulative ist das positiv Vernünftige, das Geistige, erst eigentlich Philosophische.«

R In der »Enzyklopädie der Wissenschaft« fasst er das Dialektische so: »Das Denken als Verstand bleibt bei der festen Bestimmtheit und der Unterschiedenheit derselben gegen andere stehen; ein solches beschränktes Abstraktes gilt ihm als für sich bestehend und seiend. Das dialektische Moment ist das eigene Sichaufheben solcher endlichen Bestimmungen und ihr Übergehen in ihre entgegengesetzten.«

W »Die Dialektik dagegen ist dies immanente Hinausgehen, worin die Einseitigkeit und Beschränktheit der Verstandesbestimmungen sich als das, was sie ist, nämlich als ihre Negation darstellt. ... Das Spekulative oder Positiv-Vernünftige fasst die Einheit der Bestimmungen in ihrer Entgegensetzung auf, das Affirmative, das in ihrer Auflösung und ihrem Übergehen enthalten ist.«

R In sehr ähnlicher Weise ist zu lesen: »Beim Erkennen ist es überhaupt darum zu tun, der uns gegenüberstehenden objektiven Welt ihre Fremdheit abzustreifen, uns, wie man zu sagen pflegt, in dieselbe zu finden, welches ebensoviel heißt, als das Objektive auf den Begriff zurückzuführen, welcher unser innerstes Selbst ist. Es ist verkehrt, Subjektivität und Objektivität als einen festen und abstrakten Gegensatz zu betrachten. ... Der Begriff, welcher zunächst nur subjektiv ist, schreitet, ohne dass er dazu eines äußeren Materials oder Stoffs bedarf, seiner eignen Tätigkeit gemäß dazu fort, sich zu objektivieren, und ebenso ist das Objekt nicht ein Starres und Prozessloses, sondern sein Prozess ist der, sich als das zugleich Subjektive zu erweisen, welches den Fortgang zur Idee bildet.«

W Dieser Fortgang wird als Phänomenologie des Geistes konzipiert, wobei die dialektische Bewegung »das bewegende Prinzip des Begriffs« ist, »als die Besonderungen des Allgemeinen nicht nur auflösend, sondern auch hervorbringend«.

4. Diktate zur Dialektik der Vernunft

R Kommen wir zurück zu Hegels Diktat bezüglich des Selbstbewusstseins, überspringen die erste Stufe der Begierde und betrachten die zweite Stufe: Herrschaft und Knechtschaft. Das Selbstbewusstsein des Knechts wird bestimmt durch seine Dienerschaft als freiwillige Unterwerfung unter den Willen des Herrn. Und dessen Selbstbewusstsein beruht auf der Anerkennung einer Herrschaft, ohne die er weder Herr noch der Knecht Diener sein könnte. Dieses Verhältnis bedarf ihrer dialektischen Auflösung.

W Als letzten Paragraphen lässt er diktieren: »Das Selbstbewusstsein ist sich nach dieser seiner wesentlichen Allgemeinheit nur real, insofern es seinen Widerschein in anderen weiß (ich weiß, dass andere mich als sich selbst wissen) und sich als wesentliches Selbst weiß.«

R Der Kursus in der Mittelstufe bleibt im Schema des Bewusstseins und endet mit der Vernunft. Dazu diktiert Hegel: »Die Vernunft ist die höchste Vereinigung des Bewusstseins und des Selbstbewusstseins oder des Wissens von einem Gegenstande und des Wissens von sich. Sie ist die Gewissheit, dass ihre Bestimmungen ebensosehr gegenständlich, Bestimmungen des Wesens der Dinge als unsere eigenen Gedanken sind. Sie ist ebensosehr die Gewissheit seiner selbst, Subjektivität, als das Sein oder die Objektivität, in einem und demselben Denken.«

W Im Bewusstsein der Vernunft ist der Unterschied von Subjektivität und Objektivität aufgehoben. Wir erkennen das Wesen der Dinge in ihrem Begriff. Was wir »durch die Vernunft einsehen, ist 1. ein Inhalt, der nicht in unseren bloßen Vorstellungen oder Gedanken besteht, die wir für uns machten, sondern der das an und für sich seiende Wesen der Gegenstände enthält und objektive Realität hat, und 2. der für das Ich kein Fremdes, kein Gegebenes, sondern von ihm durchdrungen, angeeignet und damit ebensosehr von ihm erzeugt ist.«

W Ob Knaben im Alter von fünfzehn Jahren diese Dialektik verstehen konnten, wird man bezweifeln dürfen. Dasselbe gilt für die nicht minder subtile Konstruktion wahrer Vernunft in der Einheit von Gegenstandswissen und Selbstbewusstsein: Die Vernunft »ist die Gewissheit, dass ihre Bestimmungen ebensosehr gegenständlich, Bestimmungen des Wesens der Dinge als unsere eigenen Gedanken sind«.

4. Diktate zur Dialektik der Vernunft

R Als virtuelle Schüler Hegels machen wir erneut Gebrauch von unserem Wissen als Nachgeborene und bestimmen die »eigentliche philosophische Bedeutung« der Vernunft als »Idee«, so in der Enzyklopädie von 1827. Im Gymnasialunterricht in Nürnberg wurde diese Bedeutung im Schuljahr 1809/1810 vermittelt.

Damals stand eine »Begriffslehre für die Oberklasse« auf dem Stundenplan der acht jungen Männer um ihren wiedergewählten Sprecher Seebeck.

»Meine Herren, Sie sind keine Knaben mehr. Deshalb werde ich den Stoff so diktieren, wie er sich einem erwachsenen Geist darstellt. Schreiben Sie: ›Die subjektive Logik, welche hier abgehandelt wird, ist die Wissenschaft des Begriffs als Begriff oder des Begriffs von Etwas. Sie teilt sich in drei Teile: 1. in die Lehre vom Begriff, 2. in die Lehre von seiner Realisierung, 3. in die Lehre von der Idee‹.«

»Woraus sich die Dialektik dieser Dreiteilung ergibt, werden Sie nach dem Diktat sehen. Sobald die Teile dialektisch in Beziehung zueinander gebracht werden, sprechen wir von Momenten. Zum zweiten und dritten Moment diktiere ich: ›Die Realisierung des Begriffs erfolgt in Urteilen und Schlüssen. In ihnen realisiert sich der Begriff durch seine Selbsterhaltung. Die Idee ist diejenige wahre Wirklichkeit, die ihrem eigenen Begriff entspricht und damit das ist, was sie an und für sich ist‹.«

Der immer noch Kleinste der Klasse, Held, nahm allen Mut vor dem großen Denklehrer zusammen, stand auf, räusperte sich und verkündete im Brustton der Überzeugung: »Keiner in dieser Klasse hat verstanden, warum eine Idee nicht das bleiben darf, was sie in der Geschichte der abendländischen Philosophie immer war: etwas Unwirkliches, bloß Gedachtes; und nun soll sie auf einmal etwas Wirkliches sein.«

Scheurl erhob sich bewusst langsam, um seine Verärgerung über den vorlauten Vorredner zu dämpfen. Bevor er mit seiner Gegenrede beginnen konnte, spornte Hegel ihn an: »Herr Scheurl, verteidigen Sie den wahren Idealismus gegen einen rein platonischen!«

Scheurls Ärger hatte sich in eine kreative philosophische Energie verwandelt, die ihn selbst überraschte: »Platonisch ist die Idee ein Urbild, das die Seele vor ihrer leiblichen Existenz geschaut hat. Dieses ideale Urbild bleibt immer und auf ewig dasselbe, ruht sozusagen in sich, gerät nicht in Bewegung und gelangt nicht in die Wirklichkeit. Ganz im Gegensatz hierzu wird eine dialektisch verstandene Idee wirklich in ihrem Begriff.«

»Herr Scheurl, Sie sollten unbedingt Philosophie studieren! Die Unterscheidung von platonischen und dialektischen Ideen können Sie alle in Ihre Hefte übernehmen. Schreiben Sie: ›Der Begriff ist die Wirklichkeit der Idee. Beispiel: Im philosophischen Begriff des Rechts – nicht etwa im empirischen Begriff der gerade geltenden Gesetze – verwirklicht sich die Idee der Freiheit.‹ Das werde ich meiner Unterklasse in der Rechts- und Pflichtenlehre dieses Jahr beibringen.«

Held machte ein unwirsches Gesicht. »Ich bekenne, dass ich nicht verstehe, wodurch bzw. wie die Idee sich im Begriff verwirklichen kann. Wer macht diesen Prozess?«

Hegel wollte darauf eingehen, da hob Seebeck seine Hand.

»Herr Seebeck, melden Sie sich als Klassensprecher oder als Schüler?«

»Als Klassensprecher. Ich wollte Sie fragen, ob wir unseren Klassenraum einmal in der Woche für ein Repetitorium nutzen dürfen, das Herr Scheurl und ich für philosophisch besonders interessierte Klassenkameraden anbieten möchten.«

»Das findet nicht nur meine Zustimmung, sondern meinen Beifall. Kommen Sie nach dem Unterricht in das Rektoratszimmer, damit wir die Nutzungsbedingungen und die Schlüsselfrage klären.«

Das erste Repetitorium fand am späten Nachmittag des 4. Dezember 1809 statt. Außer Scheurl und Seebeck waren Meindl und Lochner erschienen. »Wir sind zu viert. Das ist immerhin die Hälfte der Klasse. Und damit bin ich zufrieden.« Scheurl fuhr fort: »Mein heutiges Thema ist Hegels Idealismus im Unterschied zum Idealismus Platons und Kants.«

»Ist das nicht zu viel für die erste Sitzung?«, gab Seebeck zu bedenken.

»Wir werden sehen, wie weit wir kommen. Ich schlage vor, mit Platon zu beginnen. Was mich am meisten irritiert, ist, dass Platon dem menschlichen Geist nicht zutraut, die Ideen wahrhaft zu erfassen. Hegel hingegen behauptet, dass auf der Ebene des absoluten Wissens wahrhafte, absolute Erkenntnis möglich sei. Auch bei Kant ist die grundsätzliche Skepsis gegenüber einer absoluten Erkenntnis der Dinge gegeben.«

4. Diktate zur Dialektik der Vernunft

»Dann müssen wir uns Hegels dialektischem Idealismus zuwenden«, warf Lochner ein. »Wer fasst zusammen, was wir vom dialektischen Idealismus unseres Denklehrers bisher verstanden haben?«

Meindl meldete sich: »Hegels Idealismus gipfelt in der Gleichsetzung von Geist und Gott. Dass Gott für ihn absoluter Geist oder Geist an und für sich ist, stellt für die Theologie eine große Herausforderung dar. Darüber gab es ja schon eine heftige Diskussion.«

Seebeck versuchte zu vermitteln: »Wir sollten die Theologie auf sich beruhen lassen und uns auf die Philosophie konzentrieren. Philosophisch finde ich faszinierend, wie die Dialektik die Idee in Bewegung bringt. Sie bleibt nicht statisch wie in platonischer Tradition noch bei Kant, sondern entwickelt in Begriffen eine eigene Dynamik.«

R Wenn ich dies kurz kommentieren darf: In seiner Selbstanzeige der »Phänomenologie«, die wir im 2. Kapitel zitiert haben, spricht Hegel vom »werdenden Wissen« und den »verschiedenen Gestalten des Geistes als Stationen des Weges« zum »reinen Wissen« des »absoluten Geistes«.

W Der größte Vorteil unserer Rolle als unsichtbare Schüler Hegels besteht darin, dass es sich um eine Doppelrolle handelt: Die virtuelle Realität unserer Schülerschaft wird ja überlagert von der philosophischen Realität unserer Kenntnis des Hegel'schen Werkes und dessen Wirkung bis auf den heutigen Tag.

R Als Schüler Hegels leben wir in der Vergangenheit, als kritische Kommentatoren seiner Philosophie in der Gegenwart. Das Verständnis dieser sehr spezifischen und – wie im Vorwort betont – schwer zu verstehenden Philosophie wird erheblich erleichtert, wenn man den Anfang vom Ende her interpretieren kann.

W Das können wir am verbreiteten Fehlverständnis seiner Dialektik demonstrieren: »These – Antithese – Synthese« ist nicht die Formel, mit der man Hegel gerecht wird.

R Insbesondere dann nicht, wenn man annimmt, es sei ein subjektives Bewusstsein, das in drei gedanklichen Schritten nacheinander These, Gegenthese und Synthese formuliert, etwa nach dem Motto eines Besinnungsaufsatzes in der gymnasialen Oberstufe »Pro und Contra und Entscheidung dafür oder dagegen« – letzteres aus Hegels Sicht im schlimmsten Falle als »eigene Meinung« dargestellt.

W Erstens ist Träger der Hegel'schen Dialektik nicht das Subjekt von Meinungen und zweitens handelt es sich nicht um einzelne

»Schritte«. Hegel denkt die drei Glieder der Dialektik niemals als isolierbare »Elemente«, sondern stets als integrale »Momente« eines Ganzen.

R Sein bekanntestes Beispiel dafür ist die Pflanze, die erst im Zusammenspiel von Knospe, Blüte und Frucht in ihrer natürlichen Dialektik begreifbar wird.

»Die Knospe verschwindet in dem Hervorbrechen der Blüte, und man könnte sagen, dass jene von dieser widerlegt wird; ebenso wird durch die Frucht die Blüte für ein falsches Dasein der Pflanze erklärt ... Aber die flüssige Natur (dieser Formen) macht sie zugleich zu Momenten der organischen Einheit ... und diese gleiche Notwendigkeit macht erst das Leben des Ganzen aus.«

W Das alles werden wir in weiteren Dialogen vertiefen. Dabei wird sich zeigen, dass auch das berühmte Pflanzenbeispiel Hegels Intention erst dann verrät, wenn es aus dem Gesamtzusammenhang der zitierten Passage am Anfang der Phänomenologie des Geistes interpretiert wird.

R Das ist der Hauptgrund, warum Hegel so schwer zu verstehen ist: Man muss immer zugleich das Ganze im Auge haben, wenn man das Einzelne betrachtet.

W Nach der Gewöhnung an ein Denken auf das Ganze hin sollten wir dann auch in der Lage sein, Hegels philosophischen Gottesbegriff von religiösen Begriffen eines Gottes der Juden, Christen oder Muslime zu unterscheiden. Dazu vorläufig nur ein Zitat aus der Religionslehre für die Mittel- und Oberklasse:

»Der einfache Begriff vom Wesen Gottes, welcher der Religion zugrunde liegt, ist gestaltlos. Die Fortbildung der Religion besteht darin, das Göttliche Wesen in seiner realen Gestalt zu erkennen; diese aber ist Gott als Geist.«

R Ganz analog werden wir erst im Verlauf unserer Gespräche die Flügel des Weltgeistes kennenlernen, der im philosophisch begriffenen – nicht etwa historisch beschriebenen – Gang der Geschichte zum absoluten Wissen seiner selbst gelangt. Die Analogie besteht darin, dass Hegel »Geschichte« nicht historisch und »Religion« nicht theologisch begreift, sondern beide philosophisch.

Das nächste Diktat im Unterricht zur Begriffslehre bezog sich auf die Triade der Ideen: »1. die Idee des Lebens, 2. die Idee der Erkenntnis und des Guten, 3. die Idee der Wissenschaft oder der Wahrheit selbst.« Und weiter: »In der Idee des Erkennens wird der

4. Diktate zur Dialektik der Vernunft

Begriff gesucht und er soll dem Gegenstand angemessen sein. In der Idee des Guten gilt der Begriff umgekehrt als das Erste und als der an sich seiende Zweck, der in der Wirklichkeit realisiert werden soll.«

W Nach meinem Urteil hat Hegel seine Schüler mit dem Diktat solcher Sätze überfordert. Denn die entscheidende Frage ist doch, ob das Gute in Urteilen und Schlüssen auf die gleiche Art in eine dialektische Bewegung des Begriffs gebracht werden kann wie bei anderen Grundbegriffen der Ethik.

R In platonischer Tradition spricht alles dagegen. Denn für Platon war das Gute die höchste Idee, die das Erkennen aller anderen Ideen ermöglichte – vergleichbar der Sonne, in deren Licht die Dinge erst erkennbar werden.

W Die Konsequenz daraus lautet: Im Verständnis seiner Idee des Guten liegt Hegel nicht auf der Linie Platons, sondern auf derjenigen des Aristoteles. Denn das Gute ist in aristotelischer Tradition Ziel allen Strebens, wird nur um seiner selbst willen angestrebt, folgt keinem äußeren Zweck und wird im gelingenden Leben – der »eudaimonia« – verwirklicht.

R Diese Art der Verwirklichung des Guten erfolgt selbstzweckhaft oder »entelechial«, ergibt sich aus einer Eigenenergie des gut Handelnden und hat damit bei aller Verschiedenheit zur dialektischen Selbstbewegung des Begriffs doch eine gewisse Ähnlichkeit mit der Hegel'schen Idee des Guten.

W Der Unterschied besteht im Kriterium, nach dem das Gute wirklich wird: bei Aristoteles nach dem Kriterium des Handelns, bei Hegel nach dem des Begriffs. Die Ähnlichkeit ergibt sich daraus, dass auch bei Hegel gehandelt werden muss, um die Idee des Guten zu verwirklichen.

R Wie in einer konkreten Situation zu handeln ist, entscheidet bei Aristoteles die Klugheit der »phronesis«, bei Hegel die Vernunft der Dialektik. Letztere wirkt, anders als bei Aristoteles, auch in der Geschichte. Darüber und über die »List der Vernunft« werden wir uns noch genauer unterhalten.

Das nächste Repetitorium im Kreise der vier Oberklässler fand am 11. Dezember 1809 statt. Weil es sich herumgesprochen hatte, dass dort ernsthaft philosophiert würde, hatte sich der Klassensprecher der Unterklasse an Seebeck gewandt und um Erläuterung eines Diktats gebeten, das erhebliche Verständnisschwierigkeiten bereite.

4. Diktate zur Dialektik der Vernunft

Scheurl las vor, was Hegel im Logikunterricht für die Unterklasse diktiert hatte: »Unter einer kontradiktorischen Bestimmung ist nicht bloß der Mangel irgendeiner Bestimmung verstanden. Von den kontradiktorischen Bestimmungen erfordert ferner jede zu ihrem Begriffe die andere. Die konträren Bestimmungen sind dagegen gleichgültig gegeneinander, und jede erscheint als eine solche, der die andere nicht notwendig ist und die stattfände, wenn auch die andere nicht wäre.«

Lochner meinte ein wenig kleinlaut: »In der Unterklasse hätte ich mich beschwert, mit solchen Diktaten gequält zu werden. Im zweiten Jahr der Oberklasse sollten wir den Unterschied zwischen kontradiktorischen und konträren Bestimmungen aber begriffen haben. Tag und Nacht sind kontradiktorisch, weil beide den Gegenbegriff verlangen, um verstanden zu werden. Schwarz und weiß sind konträr, weil beide unabhängig voneinander bestimmt werden können.«

Scheurl ergänzte: »Tag und Nacht sind kontradiktorisch in ihrer gegenseitigen Negation. Wenn es Nacht ist, kann es nicht Tag sein. Und wenn es falsch ist, dass Nacht ist, muss es Tag sein.«

»Wahr und falsch«, meinte Seebeck, »sind auch Kriterien für konträre Bestimmungen: Schwarz und weiß können nicht zugleich wahr sein, wohl aber zugleich falsch.«

Scheurl hielt ein weiteres Diktat aus der Unterklasse hoch, um das Zeichen für dessen Verlesung zu geben: »Das Gesetz der Identität oder des Widerspruchs lautet: Jedes Ding ist sich selbst gleich, oder A kann nicht zugleich Nicht-A sein.«

»Das könnte man schon in der Unterklasse verstehen«, meinte Lochner. »Nach wie vor Verständnisprobleme habe ich allerdings mit dem Verhältnis von logischen und dialektischen Widersprüchen. Hierzu hat Hegel uns erst gestern diktiert: ›Alle Dinge sind an sich selbst widersprechend, und zwar in dem Sinne, dass dieser Satz ... die Wahrheit und das Wesen der Dinge ausdrücke.‹«

»Zu dieser Relation von Logik und Dialektik habe ich mir gestern notiert, was Hegel mündlich als ›Parallele‹ dazu bezeichnete: das Verhältnis von Verstand und Vernunft«, bemerkte Scheurl. »Der Verstand arbeitet mit dem Gesetz der Identität, die Vernunft mit dem Gesetz des Widerspruchs und der höheren Einheit. Erst die Dialektik bringt den Verstand in Bewegung und hebt die logische Identität von A und den Widerspruch zu Nicht-A in der höheren Einheit von A und Nicht-A auf.«

4. Diktate zur Dialektik der Vernunft

Seebeck klatschte in die Hände: »Eine geniale Konstruktion in einer kongenialen Erklärung! So sollten wir es morgen in der Wiederholungsrunde vortragen. Wenn wir nicht aufgerufen werden, melden wir uns freiwillig.«

Die freiwillige Meldung wurde möglich, weil Hegel am nächsten Morgen selbst fragte: »Wer erklärt das gestrige Diktat, ›das Absolute ist die Identität der Identität und der Nichtidentität‹?«

»Bitte, Herr Scheurl!« – »Die Dialektik hat kein nur negatives Resultat, weil die Negation einer Position wiederum negiert und damit in ein positives Ergebnis transformiert wird. Das gestern gegebene Beispiel war die Strafe als Negation der Negation des Rechts.«

Seebeck meldet sich: »Herr Professor Hegel, wenn ich das Beispiel auf einen Mörder beziehe, dann ist der Mord die Verneinung des Rechts durch den Mörder und die Todesstrafe die Bejahung des Rechts durch Negation der Negation. Am Ende gibt es zwei Tote.«

W Bist du sicher, dass diese ironische Bemerkung wirklich von einem Schüler Hegels stammte oder hast du etwas nachgeholfen?

R Wie in unserem Vorwort betont: Soweit die von uns erzählten Geschichten nicht der historischen Wahrheit entsprechen, sind sie wahrheitsnah erfunden worden. Deshalb haben wir nicht irgendeinem Hegelschüler die souveräne Ironie zugetraut, sondern dem Klassensprecher Seebeck. Denn historisch wahr ist ein Briefwechsel Goethes mit Seebecks Vater vom Dezember 1812, der auf ein hohes philosophisches Niveau der Gespräche im Hause Seebeck schließen lässt, von dem der Sohn in seiner Schulzeit stark profitiert haben dürfte.

W Goethe schreibt an Thomas Johann Seebeck, ihm sei »zufälligerweise« die Stelle aus der Vorrede zu den Grundlinien der Philosophie des Rechts in die Hände gekommen, in der Hegel die drei Momente der Dialektik am Beispiel von Knospe, Blüte und Frucht erläutert. Wir haben die Stelle ja bereits zitiert und eine intensive Auseinandersetzung angekündigt.

R Goethes Kritik ist an Schärfe nicht zu überbieten: »Es ist wohl nicht möglich, etwas Monströseres zu sagen. Die ewige Realität der Natur durch einen schlechten sophistischen Spaß vernichten zu wollen, scheint mir eines vernünftigen Mannes ganz unwürdig ... Ich kann des Buches selbst nicht habhaft werden. Vielleicht nimmt sich die Stelle im Kontext besser aus. Trösten Sie mich deshalb, mein Lieber, wenn es möglich ist.«

4. Diktate zur Dialektik der Vernunft

W Zunächst ist die Selbstverständlichkeit zu betonen, mit der Goethe seinen Freund Seebeck als Kenner der Hegel'schen Philosophie behandelt. Daraus ergab sich für uns die selbstverständliche Annahme, dass diese Philosophie im Hause Seebeck nicht nur dem Vater bekannt war. Wir nehmen an, dass Hegels Unterricht Gegenstand vieler Gespräche zwischen Vater und Sohn war und Seebeck darüber auch manches Gespräch mit Hegel selbst geführt hat.

R Tatsächlich schreibt Seebeck am 13. Dezember 1812 an Goethe, er könne nun die ganze Stelle mitteilen. Er beginnt das Zitat korrekt mit dem Zusammenhang, in dem das Pflanzenbeispiel steht. Es geht dabei um »die Verschiedenheit philosophischer Systeme« und den Fehler, in dieser Verschiedenheit nicht »die fortschreitende Entwicklung der Wahrheit« zu sehen, sondern »nur den Widerspruch«.

W Im direkten Bezug auf diesen Fehler heißt es dann: »Die Knospe verschwindet in dem Hervorbrechen der Blüte, und man könnte sagen (sc. im Sinne des Widerspruchs philosophischer Systeme), dass jene von dieser widerlegt wird ...«. Erst danach ist die Rede von der »flüssigen Natur« und den »Momenten der organischen Einheit«, in der sie nicht widerstreiten, »sondern eins so notwendig als das andere ist«. So müsse man auch mit dem »Widerspruch gegen ein philosophisches System« umgehen.

R Am 15. Januar 1812 antwortet Goethe: »Die Stelle, die mir einzeln so zuwider war, wird durch den Zusammenhang neutralisiert ... Haben Sie vielen Dank für die Mitteilung dieser Stelle, Hegel ist bei mir entsühnt.« Wir sind überzeugt, dass Vater und Sohn schon zwei Jahre vor diesem Briefwechsel über Hegels Philosophie und den damaligen Unterricht diskutiert haben und der Sohn bei dieser Gelegenheit sein Hegelverständnis so unter Beweis stellen konnte, wie wir dies erzählen.

Man hatte verabredet, die Einleitung zur Phänomenologie des Geistes einmal gemeinsam durchzugehen, um besser verstehen zu können, was mit der »Wissenschaft der Erfahrung des Bewusstseins« gemeint war. Die einschlägigen Passagen lauten: Die »dialektische Bewegung, welche das Bewusstsein an ihm selbst, sowohl an seinem Wissen als an seinem Gegenstande ausübt, insofern ihm der neue wahre Gegenstand daraus entspringt, ist eigentlich dasjenige, was Erfahrung genannt wird ... Der Übergang nämlich vom ersten Gegenstande und dem Wissen desselben zu dem anderen Gegenstande, an dem man sagt, dass die Erfahrung gemacht worden sei,

4. Diktate zur Dialektik der Vernunft

wurde so angegeben, dass das Wissen vom ersten Gegenstande ... der zweite Gegenstand selbst werden soll ... In jener Ansicht aber zeigt sich der neue Gegenstand als geworden, durch eine Umkehrung des Bewusstseins selbst.«

Während der Vater die drei Passagen »sehr klar formuliert« fand, verlangte der Sohn nach einem »anschaulichen Beispiel« und schlug dafür die erstmalige Verletzung mit einer Schere vor: Der neue, als gefährlich erkannte Gegenstand habe dann nicht nur das gegenständliche Wissen vermehrt, sondern auch das Bewusstsein verändert, weil es um das Bewusstsein der Gefährlichkeit bereichert wurde. Der Widerspruch des Vaters war energisch: Der »neue Gegenstand« werde nicht von außen ins Spiel gebracht. Überhaupt meint Hegel keine empirischen Gegenstände, weil diese nur im Verstand als solche genommen werden. Der neue Gegenstand ist vielmehr die Erfahrung, dass das, was wir als Gegenstand außerhalb unseres Bewusstseins vermuten, von unserem neuen Bewusstseinsstandpunkt erzeugt wird.

Die Rückfragen des Sohnes zielten auf Gegenstände des Geistes, die Hegel im Unterricht stets als die »wahren und wirklichen Gegenstände der Philosophie« bezeichnete. Einmal habe er mit glühender Begeisterung formuliert, sie seien in der Gliederung der »Phänomenologie« aneinandergereiht »wie auf einer Perlenkette«: »Bewusstsein, Selbstbewusstsein und Vernunft; der Geist, die Religion und das absolute Wissen.«

Jetzt war der Vater in der Rolle des Rückfragenden: »Was hat euer Denklehrer davon im Unterricht behandelt?« »Alle genannten Gegenstände des Geistes, am ausführlichsten die Religion im Unterrichtsfach Religionslehre. Wenn ich ehrlich sein darf, hat mir seine Idee, Gott als absoluten Geist zu begreifen, größere Verständnisprobleme bereitet als der ganze Rest seiner Philosophie des Geistes.«

Vater Seebeck blätterte in seinem Exemplar der »Phänomenologie des Geistes«. »Was sagst du zu der Stelle, die ich mir als plausibelste Passage angestrichen habe: ›Der sich selbst wissende Geist ist in der Religion unmittelbar sein eigenes reines Selbstbewusstsein.‹ Das habe ich immer so interpretiert: Die von ihm so genannte ›geistige Religion‹ ist eine Bewusstseinsstufe, in der das Absolute in der Weise Gottes erkannt wird. Weil Hegel Gott als absoluten Geist denkt, kann er die geistige Religion als jene Stufe begreifen, die nur vom absoluten Wissen aufgehoben wird.«

4. Diktate zur Dialektik der Vernunft

Seebeck blieb nicht verborgen, dass sein Sohn fassungslos erschien.

»Wenn du so viel Geduld aufbringst, dir meine Aufzeichnungen aus Hegels Religionsunterricht anzusehen und zu erläutern, habe ich vielleicht die Chance einer späten Belehrung.« »Die Chance sollten wir beide nutzen.«

R Das folgende Gespräch beruht auf den in den »Nürnberger Schriften« abgedruckten Texten, die Hegel seinen Schülern in der »Religionslehre für die Mittel- und Oberklasse« diktiert hat.

W Wir haben die Texte stark gekürzt, um den Grundgedanken deutlich herausstellen und eine wahrheitsnahe Diskussion zwischen Seebeck Senior und Junior fingieren zu können. In ihr geht es um das Verständnis jener Konzeption des absoluten Geistes, die zu den schwierigsten Konstruktionen der ohnehin schwierigen Philosophie Hegels gehört.

J (Junior) »Hier sind meine Aufzeichnungen aus der Religionslehre. Ich lese die Stellen vor, die ich bei meinen bisher vergeblichen Versuchen, das Ganze zu verstehen, unterstrichen habe. Wie immer gab es eine dreiteilige Gliederung des Stoffes. Sie lautete: Über den Begriff Gottes, Von der Religion und Die geistige Religion. Der Gottesbegriff wird in 11 Paragraphen abgehandelt, unterstrichen sind die Paragraphen 7 bis 9: ›Gott ist Subjekt; er ist das allgegenwärtige allgemeine Wesen ... Gott ist der absolute Geist ... Dass Gott Geist und Schöpfer ist, macht seinen Grundbegriff aus ... Die schöpferische Macht des Geistes besteht darin, dass er an und für sich ist.‹«

S (Senior) »Das kann in der Tat nur verstehen, wer mit Hegels Denkform der Dialektik und ihrer spezifischen Sprache vertraut ist. Darüber waren wir uns immer einig. Zunächst ist der synonyme Gebrauch der Wörter ›absolut‹ und ›an und für sich‹ zu betonen. Das Absolute ist kein neues Phänomen, sondern nur ein anderer Name für die höchste Stufe der dialektischen Selbstbewegung des Geistes vom subjektiven über den objektiven zum absoluten Geist. Diese Triade fügt sich passgenau in das Raster Ansich – Fürsich – Anundfürsich.«

J »Ich versuche, zu verstehen: Subjektiver Geist ist der Geist, dessen Ansich durch einen bestimmten Inhalt bestimmt wird; im objektiven Geist wird dieser Inhalt negiert und der Geist in seinem Fürsich auf sich selbst bezogen; das Anundfürsich des absoluten Geistes verwandelt die Negation der Negation dann in eine neue

4. Diktate zur Dialektik der Vernunft

Position. So erscheint es mir auch in Hegels Diktaten zur Religion: ›Die Religion ist die Art und Weise, wie der Mensch sich des göttlichen Wesens bewusst wird ... Sie ist das höchste Bewusstsein des Geistes und alles andere Bewusstsein davon abhängig ... Die einfachste Religion ist die Verehrung Gottes als bildloses Wesen ... Die Religion der Kunst gestaltet das göttliche Wesen für die Vorstellung ... Die geistige Religion endlich enthält die Versöhnung der Welt mit Gott und die Darstellung desselben in einer menschlichen Gestalt, nämlich das Bewusstsein, dass Gott dem Menschen nicht ein Fremdes ist, sondern in ihm sich die Anschauung seiner selbst ergibt.‹ Das verstehe ich beim besten Willen nicht.«

S »Mein lieber Sohn, du bist befangen in der christlichen Theologie der Trinität, die Gott nur im Zusammenhang mit Jesus Christus und dem Heiligen Geist begreift. Hegels Geist ist in anderer Weise heilig, nämlich als jener menschliche Geist, der im Bewusstsein, Geist zu sein, sich nicht nur selbst, sondern zugleich die höchste Form schöpferischen Geistes begreift, den Geist Gottes.«

J »Ich beginne, zu verstehen. In § 22 hat Hegel einen Text diktiert, der dem entsprechen dürfte, was du meinst: ›Gott ist, weil er Geist ist, nicht als das unbewegte Wesen zu betrachten, sondern als absolute Aktuosität, zuerst als lebendiger Gott, der in der Natur seine Gestalt darstellt und offenbart.‹ Letzteres klingt für mich nach einem philosophischen Pantheismus à la Hegel.«

S »Das würde er niemals gegen sich gelten lassen, weil seine gesamte Philosophie auf dem Gegensatz von Natur und Geist beruht. Die Natur ist die Sphäre des Äußerlichen und Zufälligen, der Geist dagegen das Reich innerer Entwicklung dialektischer Vernunft. Andererseits erkennt der Geist sich selbst im Spiegel der Natur, weshalb Hegel den Geist als ihren Endzweck bestimmen kann. Das klingt paradox, ist aber typisch dialektisch.«

J »Wahrscheinlich ist es diese Paradoxie, die mich immer gehindert hat, Gott als Schöpfer der Natur und gleichzeitig als absoluten Geist, der sich selbst begreift, zu verstehen. Wenn ich deinem Vorschlag folge, ›paradox‹ durch ›typisch dialektisch‹ zu ersetzen, kann ich mit meinem Unbehagen besser umgehen. Hegels Dialektik wirkt eben deshalb paradox, weil sie die Widersprüche, von denen sie ausgeht, nicht auflöst, sondern ›aufhebt‹.«

W Wie dieses »Aufheben« in Hegels dialektischer Logik des Begriffs vor sich geht, können wir durch zwei Originalzitate typischer

4. Diktate zur Dialektik der Vernunft

Textpassagen aus der »Wissenschaft der Logik« verdeutlichen: »Das Logische hat der Form nach drei Seiten: α) die abstrakte oder verständige, β) die dialektische oder negativ-vernünftige, γ) die spekulative oder positiv-vernünftige. Diese drei Seiten machen nicht drei Teile der Logik aus, sondern sind Momente jedes Logisch-Reellen, das ist jedes Begriffes oder jedes Wahren überhaupt.«

R Wenn ich diese drei »Momente« der Selbstbewegung des »wahren« Begriffs kommentieren darf: Der Verstand begreift das abstrakte Allgemeine eines Phänomens, die Vernunft negiert dieses Allgemeine durch das Begreifen des Besonderen und hebt beides in der positiven dialektischen Einheit jenes »wahren« Begriffs auf, der die Idee des Phänomens verwirklicht.

W Zur Bekräftigung ein zweites Zitat: »Die Dialektik hat ein positives Resultat, weil sie einen bestimmten Inhalt hat oder weil ihr Resultat wahrhaft nicht das leere, abstrakte Nichts, sondern die Negation von gewissen Bestimmungen ist, welche im Resultate eben deswegen enthalten sind, weil dies nicht ein unmittelbares Nichts, sondern ein Resultat ist.« Wer nicht bereit war, in die Schule Hegels zu gehen, wird damit kaum etwas anfangen können.

R Wie die dialektische Vernunft zu ihren Resultaten kommt, beschreibt Hegel so: »Dies Vernünftige ist daher, obwohl ein Gedachtes, auch Abstraktes, zugleich ein Konkretes, weil es nicht einfache, formelle Einheit, sondern Einheit unterschiedener Bestimmungen ist. Mit bloßen Abstraktionen oder formellen Gedanken hat es darum überhaupt die Philosophie ganz und gar nicht zu tun, sondern allein mit konkreten Gedanken.«

W Das alles bestätigt, was wir in der Schule Hegels über den konkreten Begriff gehört und mehr oder weniger mühsam gelernt haben.

5. Unterricht im Denken der Freiheit

W Nach zwei Jahren unter Hegels Rektorat war die Zeit am Egidien-Gymnasium für Seebeck und seine Mitschüler der Oberklasse vorbei. So entging ihnen Hegels Rechtslehre als Musterbeispiel seiner Philosophie der Freiheit – erstmals entwickelt in der »Rechts-, Pflichten- und Religionslehre« im Schuljahr 1810/1811 für die Unterklasse. Es verwundert, dass Hegel, der Philosoph der Freiheit, dieses Thema nur in der Unterklasse entfaltete, während er es in der Oberklasse lediglich in knapper Weise unter dem Aspekt »Der praktische Geist: Recht, Moralität, Staat« streifte. Möglicherweise hielt er sich strikt an die Vorgaben des Lehrplans, der die Anleitung zum spekulativen Denken zum Hauptanliegen erklärt hatte.

R Im Vergleich mit den Diktaten zur Logik oder zur Begriffslehre erscheinen diese verständlicher, weil sie weniger abstrakt sind. Außerdem gestaltet Hegel die einzelnen Paragraphen ausführlicher. Wir als virtuelle Hegelschüler beziehen uns auf die Diktate nach der Druckfassung in den Nürnberger Schriften, um sie im Lichte der Rechtsphilosophie in der ausgereiften Fassung der »Grundlinien der Philosophie des Rechts« zu beleuchten.

W Dieses letzte von eigener Hand redigierte Buch Hegels ist geeignet, einen anspruchsvollen Freiheitsbegriff als Leitgedanken seiner gesamten Philosophie des Geistes zu identifizieren. Der renommierte Hegelforscher Ludwig Siep schätzt das Buch so ein: »Es ragt aus der Reihe der klassischen Werke der Staatsphilosophie heraus wie Platons ›Staat‹ (Politeia), die ›Politik‹ des Aristoteles und Hobbes' ›Leviathan‹.« So entstand die Idee, einen Vergleich der Nürnberger Rechtslehre für Schüler und der Berliner Rechtsphilosophie für Studenten vorzunehmen. Wir beginnen mit dem Nürnberger Unterrichtsmanuskript.

R Gegenstand der Rechtslehre im Gymnasium war nach § 1 des Manuskripts »der menschliche Wille«. Dabei ist der »Trieb« vom »eigentlichen Willen« zu unterscheiden. »Durch die Reflexion geht er über den Trieb und dessen Schranken auch hinaus. Er vergleicht

5. Unterricht im Denken der Freiheit

ihn durch sie nicht nur mit den Mitteln seiner Befriedigung, sondern auch diese Mittel sowie die Triebe selbst untereinander und mit den Zwecken seines Wesens und überlässt sich mit dem Schluss der Reflexion entweder der Befriedigung des Triebes, oder er hält sie auf und entsagt ihr.« Durch diese Reflexion kann sich im nächsten Schritt ein freier Wille bilden. Ein freier Wille muss sich vom Trieb befreit haben.

W »Allein der Mensch kann als denkender auf seine Triebe, die an sich für ihn Notwendigkeit haben, reflektieren.« »Die Triebe als natürliche Bestimmungen sind Beschränkungen. Durch die Reflexion auf sie fängt der Mensch überhaupt an, über sie hinauszugehen.« »In der Reflexion fängt der Übergang an von dem niedrigen Begehrungsvermögen zum höheren.« Der Mensch ist darin nicht mehr bloßes Naturwesen oder steht nicht mehr in der Sphäre der Notwendigkeit. Notwendig ist etwas, insofern nur dies und nicht etwas anderes geschehen kann. Der Entschluss hebt die Reflexion, das Herüber- und Hinübergehen von einem zum anderen auf, macht eine Bestimmtheit fest und macht sie zur seinigen.

R »Die Freiheit des Willens ist die Freiheit im allgemeinen, und alle anderen Freiheiten sind bloß Arten davon.« »Damit aber der Wille wahrhaft und absolut frei sei, kann das, was er will, oder sein Inhalt nichts anderes sein als er selbst. Er kann nur in sich selbst wollen und sich zum Gegenstande haben.«

W Dazu gibt Hegel eine für seine Schüler plausible Erläuterung: »Das theoretische Vermögen fängt von einem Daseienden, Vorhandenen, Äußerlichen an und macht es zu einer Vorstellung. Das praktische hingegen fängt bei einer innerlichen Bestimmung an. Diese heißt Entschluss, Vorsatz, Leitung und macht das Innerliche wirklich äußerlich, gibt diesem ein Dasein. Dies Übergehen von einer innerlichen Bestimmung zur Äußerlichkeit heißt Handeln.« Ich sehe den verstehenden Gesichtsausdruck der Unterklasseschüler vor mir.

R Auch die nächste Erläuterung wird ihnen einleuchten: »Das Handeln ist überhaupt eine Vereinigung des Inneren und Äußeren. Die innerliche Bestimmung, von der es anfängt, soll der Form nach, nämlich eine bloß innerliche zu sein, aufgehoben und äußerlich werden; der Inhalt dieser Bestimmung soll dabei bleiben; z. B. der Vorsatz, ein Haus zu bauen, ist eine innerliche Bestimmung, deren Form darin besteht, nur erst Vorsatz zu sein; der Inhalt begreift den

5. Unterricht im Denken der Freiheit

Plan des Hauses.« Ob der Plan realisiert wird, ist damit noch nicht bestimmt.

W Im Anschluss gibt Hegel Beispiele dafür, wie sich die Freiheit äußern kann. »Es gibt also bürgerliche Freiheit, Pressfreiheit, politische, religiöse Freiheit.« Diese Arten von Freiheit sind der allgemeine Freiheitsbegriff, insofern er angewandt ist auf besondere Verhältnisse oder Gegenstände.

R Der Freiheitsphilosoph legt der Willensfreiheit mehr Gewicht bei als unser Strafrecht. Heute werden die Umstände einer Straftat mit ins Spiel gebracht, was dazu führen kann, dass das Urteil strafmildernd ausfällt. Hegel widerspricht dieser Auffassung grundsätzlich. Lapidar statuiert er: »Die Umstände oder Beweggründe haben nur so viel Herrschaft über den Menschen, als er selbst ihnen einräumt.«

W Dazu erläutert er: »Man drückt sich wohl so aus: mein Wille ist von diesen Beweggründen, Umständen, Reizungen und Antrieben bestimmt worden. Dieser Ausdruck enthält zunächst, dass ich mich dabei passiv verhalten habe. In Wahrheit aber habe ich mich nicht nur passiv, sondern auch wesentlich aktiv dabei verhalten, darin nämlich, dass mein Wille diese Umstände als Beweggründe aufgenommen hat, sie als Beweggründe gelten lässt. Das Kausalitätsverhältnis findet hierbei nicht statt. Die Umstände verhalten sich nicht als Ursachen und mein Wille nicht als Wirkung derselben.«

R »Der absolut freie Wille unterscheidet sich vom relativ freien oder der Willkür dadurch, dass der absolute nur sich selbst, der relative aber etwas Beschränktes zum Gegenstand hat.« »Der Grundsatz des Willens ist also, dass seine Freiheit zustande komme und erhalten werde. Außerdem will er zwar noch mancherlei Bestimmungen. Er hat noch vielerlei bestimmte Zwecke, Einrichtungen, Zustände usw., aber diese sind nicht Zwecke des Willens an und für sich, sondern sie sind Zwecke, weil sie Mittel und Bedingungen sind zur Realisierung der Freiheit des Willens.«

W Die »Erziehung hat den Zweck, den Menschen zu einem selbständigen Wesen zu machen, d. h. zu einem Wesen von freiem Willen«. Diesem Satz werden alle Schüler zustimmen, aber wohl nicht dem nächsten: »Zu dieser Absicht werden den Kindern vielerlei Einschränkungen ihrer Lust auferlegt. Sie müssen gehorchen lernen, damit ihr einzelner oder eigener Wille, ferner die Abhängigkeit von sinnlichen Neigungen und Begierden aufgehoben und ihr Wille also

5. Unterricht im Denken der Freiheit

befreit werde.« Elterliche Verbote dienen demnach zur Befreiung des kindlichen Willens.

R Die nächsten Diktate leiten zur Rechtslehre über. Dabei kommt es auf den Zusammenhang von Freiheit und Recht an. Das Recht basiert auf dem Grundsatz: »Der Mensch ist ein freies Wesen. Dies macht die Grundbestimmung seiner Natur aus.« Aber: »Das Recht hat den Menschen nicht zum Gegenstand nach besonderen Bestimmungen.« Zweitens: »Das Recht hängt nicht ab von der Absicht, die man hat.«

W »Drittens: Es kommt nicht auf die Überzeugung an, ob das, was ich zu leisten habe, recht oder unrecht sei. Endlich kommt es dem Recht auch nicht auf die Gesinnung an, mit der etwas vollbracht wird. Nach dem Recht ist der Mensch dem Menschen Gegenstand als ein absolut freies Wesen.«

R Nach dieser »Einleitung« mit 24 Paragraphen folgte die »Rechtslehre« mit 70 Paragraphen. Allein diese Zahl zeigt die Überforderung der Schüler mit dem schieren Umfang des zu lernenden Stoffes. Sie werden ihn mehr gebüffelt als selbständig durchdacht haben.

W § 3 der Rechtslehre besagt: »Das Recht besteht darin, dass jeder Einzelne von dem anderen als ein freies Wesen respektiert und behandelt werde, denn nur insofern hat der freie Wille sich selbst im anderen zum Gegenstand und Inhalt.« Das ist konsequent dialektisch konstruiert: Als allgemeiner Wille hat der Wille nur sich selbst zum Gegenstand und eben darin stimmt er mit dem allgemeinen Willen aller anderen überein, während die besonderen Willen sich voneinander unterscheiden.

R Hegel erläutert: »Dem Rechte liegt die Freiheit des Einzelnen zugrunde, und das Recht besteht darin, dass ich den Anderen als ein freies Wesen behandele. Die Vernunft fordert ein rechtliches Verhalten. Seinem Wesen nach ist jeder ein Freier. Durch ihre besonderen Zustände und Eigenheiten sind die Menschen unterschieden, aber dieser Unterschied geht den abstrakten Willen als solchen nichts an. Hierin sind sie dasselbe, und indem man den anderen respektiert, respektiert man sich selbst. Es folgt daraus, dass durch die Verletzung des Rechts eines Einzelnen alle in ihrem Recht verletzt werden.«

W § 4 lautet: »Insofern jeder als ein freies Wesen anerkannt wird, ist er eine Person. Der Satz des Rechts lässt sich daher auch so aus-

5. Unterricht im Denken der Freiheit

drücken: es soll jeder von dem anderen als Person behandelt werden.« Daraus ist in § 36 der »Grundlinien« das bekannte »Rechtsgebot« geworden: »Sei eine Person und respektiere die anderen als Personen.« Nur am Rande sei erwähnt, dass Hegel hier implizit die dialogische Grundstruktur des Rechts begründet hat, ohne dies jemals explizit thematisiert zu haben. Immerhin angedeutet findet diese Struktur sich in § 6 der schulischen Rechtslehre: »Diejenige Handlung, welche die Freiheit eines anderen beschränkt oder ihn nicht als freien Willen anerkennt und gelten lässt, ist widerrechtlich.«

R Auf Zitate der §§ 7 bis 21 verzichten wir. Sie betreffen die rechtlichen Grundbegriffe erlaubt und verboten, Besitz und Eigentum, Vertrag, Verletzung und Strafe. Die §§ 22 bis 58 beziehen sich auf den Staat. Denn: »Der Rechtsbegriff als die Gewalt habende, von Triebfedern der Einzelheit unabhängige Macht hat nur in der Staatsgesellschaft Wirklichkeit.« § 23 äußert sich zur Familie, § 24 zum Staat, § 25 zum Naturzustand und § 26 zum Gesetz: »Das Gesetz ist der abstrakte Ausdruck des allgemeinen an und für sich seienden Willens.«

W Das ist die Passage, die an die »volonté générale« Rousseaus erinnert. Diese Erinnerung wird bekräftigt durch die Anmerkung zu § 56: »Unterschied von Bürger als bourgeois und citoyen.« Dem Erstgenannten geht es um Privatinteressen, dem Zweitgenannten um das Allgemeininteresse. Und es gibt keine anspruchsvollere Freiheitsphilosophie als diejenige Rousseaus, die den Staat im »Contrat Social« von 1762 als einen freien Staat, als Freistaat oder Republik legitimiert, der auf dem unbedingten Freiheitswillen seiner Bürger als Citoyens beruht: »Les Citoyens font la Cité!«

R Mit der synonymen Wortverwendung von »cité« und »république« steht Rousseau in der aristotelisch-ciceronischen Tradition politisch-republikanischen Denkens. Da diese Tradition zu seiner Zeit in Vergessenheit geraten war, formuliert er eine ausführliche Fußnote zum philosophischen Sinn dieser vergessenen Tradition: Die meisten nähmen »une ville pour une Cité et un borgeois pour un Citoyen«. Sie wüssten nicht, »que les maisons font la ville mais que les Citoyens font la Cité«. Da es für Cité und Citoyen kein deutsches Äquivalent gibt, kann und sollte man die Stelle so übersetzen, »dass die Republikaner die Republik bilden«, und also gilt: Keine Republik ohne Republikaner.

5. Unterricht im Denken der Freiheit

W Hegel lobt Rousseau ausdrücklich dafür, den »Unterschied zwischen dem bloß Gemeinschaftlichen und dem wahrhaft Allgemeinen« in seiner Differenzierung zwischen der »volonté générale« und der »volonté de tous« »auf eine treffende Weise« zum Ausdruck gebracht zu haben.

R Der Hauptunterschied zu Rousseau wird in § 58 deutlich: »Der Staat beruht nicht auf einem ausdrücklichen Vertrag eines mit allen und aller mit einem ... und der allgemeine Wille des Ganzen ist nicht der ausdrückende Wille der Einzelnen, sondern ist der absolut allgemeine Wille, der für die Einzelnen an und für sich verbindlich ist.«

W Auch die folgende Erklärung bestätigt diese Auffassung: »Das Gesetz ist der abstrakte Ausdruck des allgemeinen an und für sich seienden Willens. Das Gesetz ist der allgemeine Wille, insofern er es nach der Vernunft ist. Es ist dabei nicht notwendig, dass jeder Einzelne bloß durch sich diesen Willen gewusst oder gefunden habe. Auch ist nicht nötig, dass jeder Einzelne seinen Willen erklärt hatte und dann daraus ein allgemeines Resultat gezogen wurde. Es ist deswegen in der wirklichen Geschichte auch nicht so zugegangen, dass jeder einzelne Bürger eines Volkes ein Gesetz vorgeschlagen hätte und dann durch gemeinschaftliche Beratung mit den anderen über das Gesetz übereingekommen wäre.«

R Wie bereits angekündigt, greifen wir an dieser Stelle auf die »Grundlinien der Philosophie des Rechts« zurück und folgen dabei dem Hinweis, der sich aus dem zweiten Titel ergibt: »Naturrecht und Staatswissenschaft im Grundrisse. Zum Gebrauch für seine Vorlesungen von D. Georg Wilhelm Friedrich Hegel, Ordentl. Professor der Philosophie an der Königl. Universität zu Berlin.«

W Der Hinweis auf den Gebrauch für Hegels Vorlesungen war für uns Anlass genug, eine virtuelle Zeitreise nach Berlin zu unternehmen und dort von Oktober 1821 bis März 1822 an seiner wie folgt angekündigten Vorlesung teilzunehmen: »Naturrecht und Staatswissenschaft oder Philosophie des Rechts nach seinem Lehrbuch«. So sind wir aus der kleinen Rolle virtueller Schüler in die große Rolle virtueller Studenten hineingewachsen.

R Es war eine »Vorlesung« im buchstäblichen Sinne des Wortes: Hegel las tatsächlich aus seinem Lehrbuch vor, und zwar so, dass seine Studenten mitschreiben konnten. Die in späteren Ausgaben abgedruckten »Zusätze« sind Nachschriften mündlicher Erläuterungen, die für das Verständnis der schwierigen Texte sehr hilfreich sind. Wir behandeln sie so, als hätten wir sie selbst notiert.

W Wer bei Hegel in die Schule gegangen war, konnte mit dem ersten Paragraphen sicher mehr anfangen als alle anderen. § 1: »Die philosophische Rechtswissenschaft hat die Idee des Rechts, den Begriff des Rechts und dessen Verwirklichung zum Gegenstand.«

R In Hegels Nürnberger Begriffslehre haben seine Schüler gelernt: Der Begriff ist die Wirklichkeit der Idee. Da er dieses Wissen in Berlin nicht erwarten konnte, gab Hegel sich größte Mühe, den ersten Paragraphen seiner Vorlesung für deren Hörer verständlich zu erläutern. Er bediente sich dazu eines bildhaften Vergleichs.

W »Der Begriff und seine Existenz sind zwei Seiten, geschieden und einig, wie Seele und Leib ... Eine Seele ohne Leib wäre nichts Lebendiges, und ebenso umgekehrt. So ist das Dasein des Begriffs sein Körper ... Entspricht der Körper nicht der Seele, so ist es eben etwas Elendes. Die Einheit des Daseins und des Begriffs, des Körpers und der Seele ist die Idee ... Nichts lebt, was nicht auf irgendeine Weise Idee ist. Die Idee des Rechts ist die Freiheit, und um wahrhaft aufgefasst zu werden, muss sie in ihrem Begriff und in dessen Dasein zu erkennen sein.«

R Auch insoweit waren wir Nürnberger Schüler gut vorbereitet: Die Begriffe der Hegel'schen Philosophie sind keine körperlosen Seelen, sondern lebendige Verkörperungen der dialektischen Verwirklichung einer Idee. § 4 bestimmt die Idee des Rechts mit großer Geste als »das Geistige«, genauer als den Willen, »welcher frei ist, so dass die Freiheit seine Substanz und Bestimmung ausmacht und das Rechtssystem das Reich der verwirklichten Freiheit ... ist«.

W Die mündliche Erläuterung ist auch hier eine große Hilfe: »Die Freiheit ist ... ebenso eine Grundbestimmung des Willens, wie die Schwere eine Grundbestimmung der Körper ist ... Das Schwere macht den Körper aus und ist der Körper. Ebenso ist es mit der Freiheit und dem Willen, denn das Freie ist der Wille. Wille ohne Freiheit ist ein leeres Wort, so wie die Freiheit nur als Wille, als Subjekt wirklich ist.«

R Wenn ich zu § 21 springen darf, sehen wir, worin die Dialektik des freien Willens besteht: »Indem er die Allgemeinheit, sich selbst, als die unendliche Form zu seinem Inhalte, Gegenstande und Zweck hat, ist er nicht nur der an sich, sondern ebenso der für sich freie Wille – die wahrhafte Idee.« Mündlich wurde es noch klarer: »So ist

5. Unterricht im Denken der Freiheit

der wahrhafte Wille, dass das, was er will, sein Inhalt, identisch mit ihm sei, dass also die Freiheit die Freiheit wolle.«

W Dazu heißt es in § 27: »Der abstrakte Begriff der Idee des Willens ist überhaupt der freie Wille, der den freien Willen will.« Und § 29 fasst zusammen: »Dies, dass ein Dasein überhaupt Dasein des freien Willens ist, ist das Recht. – Es ist somit überhaupt die Freiheit, als Idee.« § 33 schließlich stellt den »Stufengang der Entwicklung des an und für sich freien Willens« vor, aus der sich die drei Teile des Buches ergeben: »Das abstrakte Recht«, »Die Moralität« und »Die Sittlichkeit«. Zusammen ergeben die drei Teile als Momente einer dialektischen Einheit den in aristotelischer Tradition von Hegel so benannten »politischen Staat«.

R Du hast hoffentlich nicht vor, diese drei Teile im einzelnen zu diskutieren. Es genügt, wenn wir die jeweils in dialektische Triaden gegliederten Abschnitte nennen und nur die letzten drei Abschnitte etwas näher betrachten. Im ersten Teil sind es Eigentum, Vertrag und Unrecht, im zweiten der Vorsatz, die Absicht und das Gute, im dritten die Familie, die bürgerliche Gesellschaft und der Staat.

W In der Familie ist man »nicht als eine Person für sich, sondern als Mitglied«. Die wechselseitige Liebe der Familienmitglieder ist »Empfindung«, das heißt: »Sittlichkeit in Form des Natürlichen«. Dagegen ist die bürgerliche Gesellschaft »die Differenz, welche zwischen die Familie und den Staat tritt«. Dort »ist jeder sich selbst Zweck« und alle anderen werden »Mittel zum Zweck«. Für die Regelung dieser Zweck-Mittel-Relationen ist der »äußere Staat« zuständig. Zur begrifflichen Unterscheidung vom »sittlichen Staat« nennt Hegel ihn den »Not- und Verstandesstaat«.

R Den Hegel'schen Vernunftstaat sollten wir schon deshalb eingehender erläutern, weil wir Rousseaus Freiheitsphilosophie erwähnt, aber den Unterschied zu Hegel noch nicht verdeutlicht haben. § 257 lautet: »Der Staat ist die Wirklichkeit der sittlichen Idee.« § 258 präzisiert: »Der Staat ist als die Wirklichkeit des substantiellen Willens, die er in dem zu seiner Allgemeinheit erhobenen besonderen Selbstbewusstsein hat, das an und für sich Vernünftige. Diese substantielle Einheit ist absoluter unbewegter Selbstzweck, in welchem die Freiheit zu ihrem höchsten Recht kommt.«

W Hier sind wir an einem Punkt angelangt, an dem Hegelanhänger und Hegelkritiker von Anfang an aneinandergeraten sind – zumal ein Satz in der Vorrede der »Grundlinien« so formuliert ist, dass

5. Unterricht im Denken der Freiheit

Missverständnisse geradezu provoziert wurden: »Was vernünftig ist, das ist wirklich; und was wirklich ist, das ist vernünftig.«

R Ludwig Siep nennt es einen »Bärendienst«, den Hegel seinem Werk mit diesem Satz erwiesen habe. Um in diesem Sprachbild zu bleiben, müsse man zur Zähmung des Bären »eine systematische und eine historische Dimension« des Wortes »wirklich« unterscheiden: erstens die Entfaltung einer Idee in einem philosophischen System von Begriffen und zweitens die historische Entwicklung der Idee im Verlauf der Zeit.

W Die Interpretation dieser Entwicklung erfolgt nach Maßgabe der Begriffe des philosophischen Systems. Dabei wird nicht etwa nach historischen Tatsachen gefragt, sondern ausschließlich nach den vernünftigen Linien des Geschichtsverlaufs – ohne die evidente Tatsache unvernünftiger Entwicklungen zu leugnen. Man braucht nur den nächsten Absatz der Vorrede zu lesen, um das krasse Missverständnis einer solchen Leugnung der Unvernunft zu vermeiden.

R »Wenn ... die Idee für das gilt, was nur so eine Idee, eine Vorstellung in einem Meinen ist, so gewährt hingegen die Philosophie die Einsicht, dass nichts wirklich ist als die Idee ... Denn das Vernünftige, was synonym ist mit der Idee ... tritt in einem unendlichen Reichtum von Formen, Erscheinungen und Gestalten hervor ... So soll denn diese Abhandlung, insofern sie die Staatswissenschaft enthält, nichts anderes sein als der Versuch, den Staat als ein in sich Vernünftiges zu begreifen und darzustellen.«

W Auch die unmittelbar danach folgende Passage ist unmissverständlich formuliert: »Als philosophische Schrift muss sie am entferntesten davon sein, einen Staat, wie er sein soll, konstruieren zu sollen; die Belehrung, die in ihr liegen kann, kann nicht darauf gehen, den Staat zu belehren, wie er sein soll, sondern vielmehr, wie er, das sittliche Universum, erkannt werden soll ... Das, was ist, zu begreifen, ist die Aufgabe der Philosophie, denn das, was ist, ist die Vernunft.«

R Schon vorher formuliert die Vorrede klar und deutlich, woher die Missverständnisse stammen: aus der »Stellung der Philosophie zur Wirklichkeit«. Für Hegel ist Philosophie »das Ergründen des Vernünftigen« und »eben damit das Erfassen des Gegenwärtigen und Wirklichen, nicht das Aufstellen eines Jenseitigen ... das Gott weiß wo sein sollte«. Der letzte Halbsatz ist in seiner ironisch-spöttischen Form eine bissige Kritik an allen wirklichkeitsfremden Ideen,

5. Unterricht im Denken der Freiheit

wie sie namentlich für die platonisch-kantische Tradition charakteristisch sind.

W Karl von Altenstein, der für Kultus und Unterricht zuständige Minister in Preußen, hat diese Kritik verstanden. Am 24. August schrieb er an Hegel: »Indem Sie in diesem Werke wie in Ihren Vorlesungen überhaupt mit dem Ernste, welcher der Wissenschaft geziemt, darauf dringen, das Gegenwärtige und Wirkliche zu erfassen und das Vernünftige in der Natur und Geschichte zu begreifen, geben Sie der Philosophie, wie mir scheint, die einzig richtige Stellung zur Wirklichkeit.«

R Altenstein war nicht der einzige preußische Beamte, der Hegels Vorlesung über die Philosophie des Rechts und des Staates besuchte. Auch Offiziere und Geheime Räte waren unter den Hörern. Angesichts des wenig ansprechenden Vortragsstils ist dies erstaunlich. Der Herausgeber der Hegel'schen »Ästhetik«, Heinrich Gustav Hotho, notierte: »Abgespannt, grämlich saß er mit niedergebücktem Kopf in sich zusammengefallen da, und blätterte und suchte immer fortsprechend in den langen Folienheften vorwärts und rückwärts, unten und oben.« Der Vortrag im schwäbischen Dialekt sei stockend gewesen und »drehte sich mit den ähnlichen Worten stets wieder um denselben Punkt«.

W Dennoch stieg die Zahl der Hörer. In der von uns besuchten ersten Rechtsphilosophie-Vorlesung waren es knapp über hundert, im darauffolgenden Semester fast zweihundert. Auch eine ätzende Kritik in den »Hallischen Jahrbüchern« änderte nichts an diesem Zulauf: »Seine dunkle, abstruse Sprache und der ziehende, näselnde, kreischende, unterbrochene Vortrag schreckten zurück« – gefolgt von dem Zugeständnis, gleichwohl seien »Zuhörer aller Klassen« zu verzeichnen, die anschließend über »das An-sich, Für-sich und An-und-für-sich« diskutierten.

R Als virtuelle Studenten haben wir mehrfach an diesen Diskussionen teilgenommen – selbstverständlich, ohne uns zu Wort zu melden. Dabei ist immer deutlicher geworden, wo der Hauptgrund für die Schwierigkeit lag, Hegels Philosophie zu verstehen: in der höchst komplexen und entsprechend komplizierten Konstruktion dessen, was er »Idee« nennt und was seinen dialektischen Idealismus sowohl vom metaphysischen Idealismus Platons als auch vom transzendentalen Idealismus Kants unterscheidet.

5. Unterricht im Denken der Freiheit

W Um die Komplexität dieses dialektischen Idealismus erst einmal als solche darzustellen, zitieren wir zentrale Passagen, in den Hegel Bestimmungen seiner Konzeption von »Idee« vornimmt.

R Wir beginnen mit dem Verhältnis der Ideen zur Wirklichkeit, das wir schon kennen: Ideen sind in Hegels System nichts Jenseitiges, das der diesseitigen Realität entgegengesetzt wird, sondern sie geben an, »wie die Realität durch den Begriff bestimmt ist«.

W Das einschlägige Zitat dazu lautet: »Der Begriff als solcher ist noch nicht die Idee ... sondern nur der in seiner Realität gegenwärtige und mit derselben in Einheit gesetzte Begriff ist Idee.« Erst aufgrund der dialektischen Entwicklung dieser Einheit gilt: »Alles Wirkliche ist eine Idee.«

R Man stelle sich die konkrete Situation des Wahltags in einer freiheitlichen Rechtsordnung vor, in der keine Wahlpflicht besteht. Die Institution der Wahl ist in einer solchen Ordnung durch die Idee der Freiheit bestimmt. Wirklich wird diese Idee aber erst, wenn der Begriff der freien Wahl philosophisch so bestimmt ist, dass seine Realisierung durch Bürger mitgedacht wird, die im Bewusstsein ihrer Freiheit zur Wahl gehen.

W Die Idee ist in einer Bestimmung dieser Art »der Begriff, der sich selbst zum Gegenstand hat, d. h. der Dasein, Realität, Objektivität hat«. Hegel verwendet in Zusammenhängen, in denen es um die Verwirklichung einer Idee geht, die Ausdrücke Realität, Objektivität und Dasein synonym.

R Die Idee »manifestiert« sich auf diese Weise nicht nur in der Welt des Geistes, sondern auch in der Natur. Die Disziplinen dafür sind bei Hegel »die Logik als das System der *reinen* Denkbestimmungen« sowie »die Naturphilosophie und die Philosophie des Geistes gleichsam als eine angewandte Logik«. Nimmt man den Vergleich mit der »angewandten Logik« beim Wort, sind Natur- und Geistphilosophie Anwendungsfälle der Logik; und im Hegel'schen System heißt das: Anwendungsfälle der dialektischen Selbstbewegung des Begriffs.

W »Auch der endliche oder subjektive Geist – nicht bloß der absolute – muss als eine Verwirklichung der Idee gefasst werden. Die Betrachtung des Geistes ist nur dann in Wahrheit philosophisch, wenn sie den Begriff desselben in seiner lebendigen Entwicklung und Verwirklichung erkennt, d. h. wenn sie den Geist als ein Abbild

5. Unterricht im Denken der Freiheit

der ewigen Idee begreift.« Denn alles Wirkliche »ist« nur insofern, »als es die Idee in sich hat und sich ausdrückt«.

R Das spekulative Denken hat »jeden seiner Gegenstände und die Entwicklung derselben in ihrer absoluten Notwendigkeit aufzuzeigen. Dies geschieht, indem jeder besondere Begriff aus dem sich selbst hervorbringenden und verwirklichenden allgemeinen Begriff oder der logischen Idee abgeleitet wird.« Alles Wirkliche, »insofern es Wahres ist«, hat seine Wahrheit allein »kraft der Idee«.

W Die Idee hat in Hegels Dialektik die philosophische Kraft, den Begriff in Bewegung zu bringen, um das Vernünftige in der Wirklichkeit des Geistes und der Natur zu erfassen. Wie die »Idee des an und für sich freien Willens« den Begriff des Rechts in den »Grundlinien« bestimmt, haben wir im Ansatz bereits erwähnt: »an sich« in der Sphäre des »abstrakten Rechts«, »für sich« in der Sphäre der »Moralität« und »an und für sich« in der Sphäre der »Sittlichkeit«.

R Man kann es auch so sagen: Das abstrakte Recht betrifft die äußere Freiheitssphäre, die Moralität die subjektiven Handlungsmotive und die Sittlichkeit die objektiven Forderungen der Gemeinschaft. Im Recht ist die Person Träger nur des »natürlichen Willens«; auch in der Moralität hat der »selbstbewusste Wille« noch kein »geistiges Selbstbewusstsein«. Auf dem »sittlichen Standpunkt« hingegen hat der Wille als »Wille des Geistes« einen »substantiellen sich entsprechenden Inhalt«. Dabei wird die erste Natur des Willens zu einer »zweiten, geistigen« umgewandelt, so dass dieses Geistige »in ihm zur Gewohnheit wird« und »das vernünftige Denken freien Weg hat«.

W Am Ende dieses Weges steht der Staat als »die Wirklichkeit der sittlichen Idee«. Ganz wesentlich ist hier der mündliche Zusatz zu § 258 der »Grundlinien«, ohne den die Dialektik verwirklichter Vernunft unverständlich bliebe: »Der Staat ist kein Kunstwerk, er steht in der Welt, somit in der Sphäre der Willkür, des Zufalls und des Irrtums; übles Benehmen kann ihn nach vielen Seiten defigurieren. Aber der hässlichste Mensch, der Verbrecher, ein Kranker und Krüppel ist immer noch ein lebender Mensch; das Affirmative, das Leben, besteht trotz des Mangels, und um dieses Affirmative ist es hier zu tun.«

R Das »Affirmative« im Begriff eines vernünftigen Staates ist die Idee verwirklichter Freiheit. Diese Verwirklichung erfolgt »nicht

5. Unterricht im Denken der Freiheit

nach subjektivem Belieben, sondern nach dem Begriffe des Willens, d. h. nach seiner Allgemeinheit«. Jener allgemeine Wille wird wirksam in der dialektischen »Einheit der sich wollenden und wissenden Freiheit«. Die Vernunft, die dabei zur Wirkung kommt, äußert sich in der »politischen Gesinnung« oder in dem von Hegel so benannten »Patriotismus«. Für die Patrioten des »politischen Staates« – Rousseaus Citoyens – ist »das zur Gewohnheit gewordene Wollen ... nur Resultat der im Staate bestehenden Institutionen«.

W Das Beispiel der freien Wahl sollte dies gerade im Gegensatz zu einem autoritären Regime mit Wahlpflicht bereits belegt haben. Selbstverständlich gibt es weitere Beispiele: In einem totalitären Staat, der journalistische Kritiker des Staatspräsidenten hinter Gitter bringt, kann keine Pressefreiheit gedeihen. In der Ordnung eines Freistaates dagegen resultiert die gewohnheitsgemäß kritische Arbeit eines investigativen Journalismus tatsächlich aus der institutionellen Verfassungsgarantie einer freien Presse.

R Um auf das Hauptproblem – das dialektische Verständnis der »Idee« – zurückzukommen: Diese Dialektik ist so eigenartig, von so eigener Art, dass Hegels philosophisches System damit steht oder fällt. Ihm ist es »überhaupt darum zu tun, der uns gegenüberstehenden objektiven Welt ihre Fremdheit abzustreifen, uns, wie man zu sagen pflegt, in dieselbe zu finden, welches ebensoviel heißt, als das Objektive auf den Begriff zurückzuführen, welcher unser innerstes Selbst ist«. Falsch ist es, »Subjektivität und Objektivität als einen festen und abstrakten Gegensatz zu betrachten ... Der Begriff, welcher zunächst nur subjektiv ist, schreitet, ohne dass er dazu eines äußeren Materials oder Stoffs bedarf, seiner eignen Tätigkeit gemäß dazu fort, sich zu objektivieren, und ebenso ist das Objekt nicht ein Starres und Prozessloses, sondern sein Prozess ist der, sich als das zugleich Subjektive zu erweisen, welches den Fortgang zur *Idee* bildet.«

W Wollen wir den Vergleich der Nürnberger Rechtslehre mit der Berliner Rechtsphilosophie damit abschließen? Oder sollten wir uns doch auch mit dem problematischen letzten Teil der »Grundlinien« befassen? Unter der Überschrift »Die Weltgeschichte« interpretiert Hegel dort die dialektische Bewegung der »geistigen Wirklichkeit«. In dieser Interpretation wird die Geschichte zum »Gericht« über die »Völkergeister«, insoweit sie nicht »in ihrer bunten Wirklichkeit« von Interesse sind, sondern »nur als Ideelles« ...

5. Unterricht im Denken der Freiheit

R ... nämlich im Hinblick auf die »Entwicklung der Momente der Vernunft« des »allgemeinen Geistes« und damit »seines Selbstbewusstseins und seiner Freiheit«. Den Völkern ist in der Geschichte die Verwirklichung ihres jeweils natürlichen Prinzips »in dem Fortgange des sich entwickelnden Selbstbewusstseins des Weltgeistes übertragen«. Gegen das »absolute Recht«, »Träger der gegenwärtigen Entwicklungsstufe des Weltgeists zu sein, sind die Geister der anderen Völker rechtlos, und sie, wie die, deren Epoche vorbei ist, zählen nicht mehr in der Weltgeschichte«.

W Wie bereits kurz erwähnt, unterscheidet Hegel in Anlehnung an Hölderlin vier als Epochen zu verstehende »Reiche«: das orientalische, griechische, römische und germanische Reich. Erst im letztgenannten ist »das Prinzip der Subjektivität und selbstbewussten Freiheit« verwirklicht. Und erst in der »Gegenwart« ist »die wahrhafte Versöhnung objektiv geworden, welche den Staat zum Bilde und zur Wirklichkeit der Vernunft entfaltet«.

R Diejenigen, die Hegel daraufhin als »preußischen Staatsphilosophen« bezeichneten, benutzten dafür regelmäßig die berüchtigte Passage der Vorrede, um ihr Missverständnis des Vernünftigen und Wirklichen auf die angebliche Verherrlichung des Preußischen Allgemeinen Landrechts beziehen zu können. In aller Regel übersahen sie dabei, dass Gegenstand der »Grundlinien« nicht das staatlich gesetzte und garantierte Recht war, sondern ausweislich des zweiten Titels das »Naturrecht«.

W Außerdem ist der »Fortschritt im Bewusstsein der Freiheit« als Leitgedanke der philosophischen Interpretation der »Weltgeschichte« eine Idee der Vernunft, die kein Ende der Geschichte erlaubt. Denn ein solches Ende beendete die Freiheit und wäre damit freiheitswidrig.

R Die weiteren Diktate in der Unterklasse beziehen sich auf die »Pflichtenlehre oder Moral«. Hegel verdeutlicht anfangs den Unterschied zwischen Recht und Moral: »Das Recht lässt überhaupt die Gesinnung frei. Die Moralität dagegen betrifft wesentlich die Gesinnung und fordert, dass die Handlung aus Achtung vor der Pflicht geschehe. Die Gesinnung ist die subjektive Seite der moralischen Handlung oder die Form derselben.«

W Den Abschluss bildet eine grundsätzliche Zusammenfassung: »Der Mensch hat 1. die wesentliche Bestimmung, ein Einzelner zu sein, 2. gehört er einem natürlichen Ganzen, der Familie an, 3. ist

5. Unterricht im Denken der Freiheit

er Glied des Staates, 4. steht er in Verhältnis zu anderen Menschen überhaupt.« Von daher leiten sich vier Gattungen der Pflichten ab. »1. in Pflichten gegen sich, 2. gegen die Familie, 3. gegen den Staat und 4. gegen andere Menschen überhaupt.«

R Am Ende dieses Themenfeldes für die Unterklasse diktiert Hegel Paragraphen zur Religionslehre: »Das moralische Gesetz in uns ist das ewige Vernunftgesetz, das wir unwiderstehlich achten müssen und durch das wir uns unauflöslich gebunden fühlen.«

W Ohne weitere Erklärung setzt Hegel dieses Vernunftgesetz mit Gott gleich, wenn er diktiert: Wir »erkennen es als Höheres als wir, als ein von uns unabhängiges, selbständiges, absolutes Wesen. Dies absolute Wesen ist gegenwärtig in unserem reinen Bewusstsein und offenbart sich uns darin. Das Wissen von ihm ist, als durch es in uns vermittelt, für uns unmittelbar und kann insofern Glauben genannt werden.«

R Hegel unterscheidet also zwischen konkretem und reinem Bewusstsein, das wir nicht selbst entwickeln, sondern das absolute Wesen, Gott, offenbart sich selbst darin in unmittelbarer Weise.

W Dies erinnert stark an Kants Faktum der Vernunft, als das schlechthin Gegebene, welches das Sittengesetz enthält. Im Unterschied zu Kant setzt Hegel jedoch Glaube mit Wissen von Gott gleich. »Allein dies Wissen von dem Absoluten ist selbst ein absolutes und unmittelbares Wissen und kann nicht etwas Endliches zu seinem positiven Grunde haben oder durch etwas, das es nicht selbst ist, als einen Beweis vermittelt sein.«

R Wir Menschen als endliche Wesen haben das Wissen von Gott nicht selbst erzeugt, sondern in unserem sogenannten reinen Bewusstsein liegt dies unmittelbare Wissen. Wir sind Empfänger einer Selbstoffenbarung Gottes als absolutes Wissen.

W Es folgen Definitionen des absoluten Wesens: »Gott ist der absolute Geist, d. h. er ist das reine Wesen, das sich zum Gegenstande macht, aber darin nur sich selbst anschaut.«

R »Gott ist, nach den Momenten seines Wesens,
1. Absolut heilig, insofern er das schlechthin in sich allgemeine Wesen ist. Er ist
2. Absolute Macht, insofern er das Allgemeine verwirklicht und das Einzelne im Allgemeinen erhält, oder ewiger Schöpfer des Universums. Er ist
3. Weisheit, insofern seine Macht nur heilige Macht ist,

5. Unterricht im Denken der Freiheit

4. Güte, insofern er das Einzelne in seiner Wirklichkeit gewähren lässt, und
5. Gerechtigkeit, insofern er es zum Allgemeinen ewig zurückbringt.«

W Das letzte Diktat befasst sich noch einmal mit der Freiheit des Menschen in Bezug auf Gott. Man staune: Darin wird die Freiheit zur göttlichen Natur. »Aber die Freiheit des einzelnen Wesens ist zugleich an sich eine Gleichheit des Wesens mit sich selbst, oder sie ist an sich göttlicher Natur.«

R Und Hegel behauptet tatsächlich nicht nur eine Vergöttlichung der menschlichen Freiheit, sondern auch eine Entsprechung der menschlichen Natur mit der göttlichen. »Diese Erkenntnis, dass die menschliche Natur der göttlichen Natur nicht wahrhaft ein Fremdes ist, vergewissert den Menschen der göttlichen Gnade und lässt ihn dieselbe ergreifen, wodurch die Versöhnung Gottes mit der Welt oder das Entschwinden ihrer Entfremdung von Gott zustande kommt.«

W Hegel macht sich als Religionslehrer zum Theologen.

R Aber auch als Philosoph konstruiert er Entsprechungen von Gott und reinem Sein, bzw. er versteht die Weltgeschichte als Gang Gottes in der Welt.

6. Liebesglück und Dialektik der Liebe

Am 27. August 1810, seinem vierzigsten Geburtstag, war Hegel zu einem großen Sommerfest im Merkel'schen Gartenanwesen vor dem Laufer Tor eingeladen. Wegen der Schulferien konnte er bis zum frühen Nachmittag ungestört an der »Wissenschaft der Logik« arbeiten. Von Zeit zu Zeit blickte er auf seine Taschenuhr, denn er wollte nicht zu spät kommen. Er würde wohl ein knappes Viertelstündchen von seiner Wohnung im Ägidianum bis zur Gartenanlage an der Sulzbacher Straße brauchen, glaubte er. Nach reiflicher Überlegung hatte er sich für seinen besten Anzug entschieden und war heiterer Stimmung. Auf dem Weg überlegte er, ob dieses Fest zu seinen Ehren angesetzt worden sein konnte.

Als er sich dem Anwesen näherte, vernahm er fröhlich klingende Musik und geselliges Stimmengewirr. Am Tor wurde er von Merkels Hauswart begrüßt: »Herr Professor Hegel, darf ich Euer Wohlgeboren zum Ehrentisch geleiten?« Hegel nickte zustimmend und folgte dem Bediensteten. Beim Näherkommen sah er bekannte Gesichter, die ihn erwartungsvoll anblickten. Für ihn war der Platz zwischen Merkel und von Grundherr reserviert, aber die meisten Gäste hatten noch nicht Platz genommen, sondern standen in kleinen Gruppen beisammen. Der Gastgeber war gerade mit Seebeck im Gespräch; als dieser Hegel erblickt hatte, ging er ihm freundlich entgegen. »Es freut uns, Herr Professor, dass Sie der Einladung gefolgt sind.« Hegel bedankte sich in aller Form, und nachdem sie einige Freundlichkeiten ausgetauscht hatten, wandte sich Merkel neu ankommenden Gästen zu.

Hegel schaute sich um, auf wen er zusteuern könnte. Er hatte trotz seiner guten Laune keine große Lust auf seichtes Geplauder. Erfreulicherweise kam Seebeck auf ihn zu. Mit ihm hatte er schon öfter über Goethes Farbenlehre debattiert. Er hatte ihm erklärt, dass seine Experimente dessen Lehre bestätigten, wodurch beide sich als Kritiker der Newton'schen Theorie verstanden. Seit Seebeck sich in Nürnberg. niedergelassen hatte, pflegten beide eine freundschaft-

6. Liebesglück und Dialektik der Liebe

liche Beziehung. Seebeck war stets zu Späßen aufgelegt. »Na, Hegel, haben Sie heute schon über den Magnetismus geschrieben? Sie sagten ja, dass dieser auch ein philosophisches Sujet sei.« »Heute noch nicht, aber in meiner Enzyklopädie werde ich ihm schon morgen ein Kapitelchen widmen«, witzelte Hegel. »Dann müssen Sie auch meine Entdeckung erwähnen, dass sogar Nickel und Kobalt magnetische Fähigkeiten haben.« »Davon müssen Sie mir bei nächster Gelegenheit unbedingt berichten. Sie wissen doch, welchen Anteil ich an Ihren Experimenten nehme. Wie wär's am kommenden Montag, wie immer im ›Museum‹?« »Leider sehe ich mich veranlasst, morgen schon nach Reval abreisen, um dort meine Verhältnisse und Geschäfte zu ordnen. – Oh, ich sehe, dass Sie noch nichts zu trinken bekommen haben. Kommen Sie ...« »Am Nachmittag trinke ich üblicherweise keinen Alkohol«, flunkerte Hegel mit verschmitztem Lächeln. „›Üblich‹ lässt Ausnahmen zu«, versicherte Seebeck. »Sie müssen den Würzburger Stein unbedingt probieren. Er ist einfach köstlich.« »Dann habe ich gegen ein Glas Steinwein – Goethes Hauswein in Weimar – nichts einzuwenden.« Bevor Hegel monieren konnte, hatte Seebeck bereits randvoll eingeschenkt. Hegel blieb nichts anderes übrig, als aus dem Glas zu schlürfen, um nichts zu verschütten. »Brav, lieber Hegel, Sie wissen mit Wein umzugehen«, scherzte er. Und Hegel nahm ihm diesen Scherz nicht übel.

Als er begrüßendes Klatschen hörte, drehte er sich um. Beklatscht wurde die Ankunft der Familie von Tucher. Der Freiherr und seine Frau waren nobel gekleidet, die Person direkt hinter ihnen war zunächst verdeckt. Hegel konnte hinter dem Ehepaar nur einen lustigen Sonnenschirm erkennen, der noch geöffnet war, obwohl sich der Himmel seit wenigen Minuten verdunkelte. Merkel beeilte sich, das befreundete Paar zu begrüßen, und geleitete es an die zugewiesenen Plätze. Das Fräulein, das mit eleganten Schritten folgte, musste die Tochter sein. Ihr Gesicht war jedoch unter dem Sonnenschirm noch nicht zu sehen.

Hegel war Marie von Tucher bereits im Hause Merkels kurz vorgestellt worden, aber wie immer, wenn er ins Gespräch vertieft war, hatte er wenig Notiz davon genommen, was um ihn herum vorging. Er erinnerte sich nur, dass sie einen höflichen Knicks in seine Richtung gemacht hatte.

Merkels Hauswart bat die herumstehenden Gäste, ihren Platz einzunehmen. Hegel fand Gelegenheit, Freiherr von Tucher zu begrü-

6. Liebesglück und Dialektik der Liebe

ßen, nachdem er dessen Gemahlin einen Handkuss gegeben hatte. Er erlaubte sich diese Geste, weil Freifrau von Tucher ihm schon bei vorhergegangenen Begegnungen herzlich zugetan war. Er schaute sich in höflicher Manier nach dem Freifräulein um, aber sie war noch nicht an ihrem Platz.

Als er sich setzen wollte, kam sie raschen Schrittes mit gerötetem Gesicht angelaufen. Der aufkommende Wind hatte ihren zierlichen Hut nach hinten verschoben, sodass eine hohe Stirn zu sehen war. Vor lauter Eile Hegel nicht beachtend, setzte sie sich neben ihre Mutter. »Entschuldigen Sie, Papa, ich wurde leider aufgehalten.«

Merkel hatte sich erhoben und stieß an sein Glas. Da zog ihn seine Frau am Ärmel, denn sie wollte keine Rede. Ihre Geste schien er verstanden zu haben, denn er sagte nur: »Ich freue mich, dass Sie alle meine Einladung angenommen haben. Ich wünsche uns allen einen vergnüglichen Abend. Hoffen wir nur, dass das Wetter durchhält.« Bei diesen Worten blickte er nochmals gen Himmel. Der Wind hatte sich verstärkt und blies dunkle Wolken in den Osten der Stadt.

Nach seinen Worten beeilten sich die Bediensteten, silberne Platten mit allerlei Speisen aufzutragen. Das Fest nahm Fahrt auf. Hegel ließ es sich schmecken. Seit langer Zeit hatte er keinen so schmackhaften Rehbraten gegessen, zu dem Kartoffelknödel und Rotkohl serviert wurden. »Bei uns heißt es Blaukraut«, ließ Merkel Hegel wissen. »Ja, und das runde Ebbes sind die Gniedla.« Er hatte Zustimmung ob seiner Kenntnisse des Fränkischen erwartet. Doch noch bevor jemand diese bestätigen konnte, hörte er glucksendes Kichern neben der Freiherrin. Diese warf Marie einen ermahnenden Blick zu. Doch Hegel fand das durchaus amüsant. Mit herzlichem Lachen begleitete er das abflauende Kichern. Die Freiherrin glaubte eine geheime Übereinstimmung zu erkennen. »Sie haben mir, verehrter Herr Professor, schon einmal erklärt, was Sie mit Ebbes meinen. Wir finden diesen schwäbischen Ausdruck nett, vielleicht sogar lustig. Sie erinnern sich, dass ich beim ersten Hören mein Lachen unterdrücken musste«, erklärte sie. »Lachen befreit, und diese Freiheit sollten wir uns gönnen«, erwiderte Hegel launig. »Dann auf diese Freiheit!«, gab von Tucher zum Besten, wobei er sein Glas erhob. Die ganze Tischgemeinschaft stimmte ein. Seine Frau hatte wieder einmal die Situation gerettet. Er warf ihr einen dankbaren Blick zu.

6. Liebesglück und Dialektik der Liebe

Das ursprünglich laue Lüftchen des Nachmittags hatte sich inzwischen in kräftigen Wind verwandelt. Mancher Dame wurde es etwas ungemütlich, doch niemand wollte die fröhliche Gesellschaft stören. Mit einem Mal prasselten schwere Tropfen herab, die der Wind bis unter die Bedachung trieb. An einen Regenschirm hatte wegen des sonnigen Nachmittags niemand gedacht.

»Lieber Freund«, sagte von Tucher an den Gastgeber gewandt, »du verstehst, dass wir aufbrechen. Unser Wagen hat keine Bedachung.« »Schade, es war ein großartiges Fest«, sagte seine Gemahlin. »Komm, Marie, wir gehen!« Doch diese war nicht zu sehen. Bei den ersten Tropfen war sie in das Küchengebäude geeilt. »Wo ist sie denn schon wieder?«, brummte ihr Vater ärgerlich. »Wir können nicht auf sie warten. Wolfgang, könnt ihr sie vielleicht mitnehmen?« Merkel versprach, sie wohlbehalten zuhause abzuliefern.

Es war Hegel nicht entgangen, wohin die neunzehnjähre Marie vor dem Regen geflüchtet war. Trotz heftigen Niederschlags stapfte er gemächlich zum Küchengebäude. Marie beobachtete, wie er auf sie zustrebte. Wie er so dem Regen trotzte, gefiel ihr. Unvermittelt stellte er sich neben sie. »Der Regen scheint Ihnen nichts auszumachen«, vernahm er. Er blickte sie nur an, weil er seine Emotionen nicht durch eine zitternde Stimme verraten wollte. Dann hörte er sich sagen: »Noi.« Sie musste lachen und er stimmte wiederum herzlich ein. »Regen bringt Segen«, war die einzige Weisheit, zu der er fähig war. Sie nickte zustimmend. Er konnte den Blick nicht von ihr wenden. In tiefen Zügen atmete er ihren frischen jugendlichen Duft ein. So standen sie einander gegenüber, die ein freies Lachen verband. Selbst ein Blitz, der krachend in der Nähe einschlug, änderte nichts an ihrer wortlosen Verbundenheit. »Magnetismus«, brachte Hegel heraus, dann schwelgte er wiederum in ihrem Blick.

Sie bemerkten beide nicht, dass die Gäste nacheinander eilig zu ihren Wagen stürmten. Schließlich kam Frau Merkel, um Marie abzuholen. Sie erfasste schlagartig die Situation. »Marie, wir brechen auf. Wir haben versprochen, dich mitzunehmen.« »Und was ist mit Hegel?«, antwortete sie nur. »Für ihn finden wir sicherlich auch noch einen Platz.« Hegel wusste nicht, wie ihm geschah. Um das Glück der aufkeimenden Liebe sprachlos genießen zu können, nickte er nur stumm.

6. Liebesglück und Dialektik der Liebe

Während der gemeinsamen Fahrt in die Innenstadt flüsterte er: »Heute ist mein schönster Geburtstag!« Am übernächsten Tag empfing Maries vertraute Freundin Magdalena Zeltner folgenden Brief:

»*Liebe Magdalena!*
Du weißt doch, dass im Merkel'schen Garten ein Sommerfest stattfand. Dort bin ich einem Manne begegnet, der mich mit dem ersten Blick in seinen Bann zog, als wir wie durch Zufall wegen des starken Regens plötzlich nebeneinander unter dem Dach des Küchengebäudes Schutz suchten. Wer er ist, verrate ich noch nicht. Ich schreibe diesen Brief, um mich selbst zu zwingen, die richtigen Worte zu finden, was mich an ihm, der mir im Hause Merkel schon einmal kurz vorgestellt wurde, so fasziniert. Zunächst erschien er mir größer, als ich ihn eingeschätzt hatte. Auf manchem meiner Spaziergänge war ich ihm schon begegnet, aber in Gedanken versunken, nahm er mich wohl nicht wahr.
Nun aber, als wir einander schweigend gegenüberstanden, war er wie verändert. Ich fühlte, als blickte er mit seinen großen, lichten blauen Augen direkt in meine Seele. Sein herzliches Lachen ist einfach gewinnend und liebenswert. Er strahlte eine Wärme aus, in der ich mich spontan wohlfühlte. Warum sollte ich es Dir verschweigen, vertraute Freundin: Sein Blick barg ein Glutpotential, das mir ganz heiß und die Wangen rot werden ließ. Die Physiognomie dieses Mannes ist so beeindruckend wie sein Blick: In einem ovalen Gesicht erscheint die Nase fein geschnitten, wird aber im Profil unauffällig dominant. Der Mund mit seiner elegant geschwungenen Oberlippe wirkt durch die breitere Unterlippe entschlossen und verstärkt zusammen mit dem selbstbewussten Kinn den Eindruck unbedingter Verteidigungsbereitschaft. Dass dieser Mann sich zu Höherem berufen fühlt, zeigt er durch eine Locke, die er offensichtlich nach dem Vorbild Napoleons in die Stirn fallen lässt. Selbst der schwäbische Dialekt, den ich aus seinen Gesprächen am Nachbartisch herausgehört habe, hat mich nicht gestört. Nur hatte ich nicht den Mut, den Tisch zu wechseln. Auf der Heimfahrt im Merkel'schen Wagen flüsterte er mir zu: ›*Heute ist mein schönster Geburtstag.*‹ *Wenn Du daraus herauslesen würdest, dass ich mich spontan verliebt habe, könnte ich es nicht bestreiten. Die Redensart ist zwar abgegriffen, trifft aber zu: Das Gefühl, mich in diesen Mann verliebt zu haben, traf mich wie ein Blitz aus heiterem Himmel. Ich glaube sogar, auch ihn hat dieser Blitz getroffen.*«

Der Blitz verwandelte den Philosophen in einen liebenden Mann, der sein Glück kaum fassen konnte. Im Überschwang des Gefühls schrieb er seiner Marie Liebesgedichte, von denen uns zwei erhalten sind. »An Marie, den 13. April 1811.

6. Liebesglück und Dialektik der Liebe

Tritt mit mir auf Bergeshöhen,
Reiß dich von den Wolken los;
Lass uns hier im Aether stehen,
In des Lichtes farbelosem Schoß.
Was die Meinung in den Sinn gegossen,
Halb aus Wahrheit, halb aus Wahn gemischt,
Die leblosen Nebel sind zerflossen,
Lebens-, Liebe-Hauch hat sie verwischt.
Jenes Tal des engen Nichts dort unten,
Eitler Mühe, die mit Mühe lohnt.
Dumpfen Sinns an die Begier gebunden,
Nie hat es Dein Herz bewohnt.
Aus der Talnacht hob Dich höh'res Sehnen,
Aus dem Innern schloss sich auf
Dir das Licht des Guten und des Schönen,
Nahmst zum Morgenhügel Deinen Lauf.
....
Aber fühlend ein unsterblich Streben,
Treibt's ihn über sich hinaus;
Mag die irdische Natur erbeben,
Führt er es in Flammen aus.
Fallt so, enge Binden, die uns scheiden,
Nur ein Opfer ist des Herzens Lauf;
Mich zu Dir, zu mir Dich zu erweiten,
Geh' in Feu'r, was uns vereinzelt, auf!
Denn das Leben ist nur Wechselleben,
Das die Lieb in Liebe schafft;
Der verwandten Seele hingegeben,
Tut das Herz sich auf in seiner Kraft,
Tritt der Geist auf freie Bergeshöhen,
Er behält vom Eignen nichts zurück;
Leb' ich, mich in Dir, Du Dich in mir zu sehen,
So genießen wir der Himmel Glück.«

Das sind ausgewählte Verse eines längeren Gedichtes. Wenige Tage zuvor hatte Hegel über ein Mitglied der Patrizierfamilie von Grundherr bei Maries Vater um die Hand der Tochter anhalten lassen. Eine handschriftliche Notiz von Jobst Wilhelm Karl von Tucher hält außerdem fest, »Rect. Hegel« habe am 8. April persönlich um die »Einwilligung« zur »Eheschließung« nachgesucht.

Eine Woche später widmet er seiner Geliebten ein weiteres Gedicht.

6. Liebesglück und Dialektik der Liebe

»*An Marie, den 17. April 1811.*
Du mein! Solch Herz darf mein ich nennen,
In Deinem Blick
Der Liebe Widerblick erkennen,
O Wonne, o höchstes Glück!
Wie ich Dich lieb', ich darf's jetzt sagen;
Was in gepresster Brust
So lang geheim entgegen Dir geschlagen,
Es wird', ich darf nun, laute Lust!
Doch armes Wort, der Lieb' Entzücken,
Wie's innen treibt und drängt
Zum Herz hinüber, auszudrücken
Ist Deine Kraft beschränkt.
Ich könnte, Nachtigall, Dich neiden
Um Deiner Kehle Macht,
Doch hat Natur die Sprache nur der Leiden
Missgünstig so beredt gemacht!
Doch wenn durch Rede sie dem Munde
Der Liebe Seligkeit
Nicht auszudrücken gab, zum Bunde
Der Liebenden verleiht
Sie ihm ein innigeres Zeichen;
Der Kuss die tiefre Sprache ist,
Darin die Seelen sich erreichen,
Mein Herz in Deins hinüberfließt.«

R Wir nehmen Hegel beim Wort, halten »höchstes Glück« für nicht steigerungsfähig und bringen mit der Überschrift »Liebesglück« einen Superlativ zum Ausdruck, der nicht nur für das Leben Hegels Geltung beansprucht, sondern auch für sein Denken. Für diesen so wichtigen Lebensabschnitt ist keine direkte schriftliche Antwort Maries zu finden. Dass sie in weniger üppigen Worten auch ihre Liebe gestanden hat, darf anzunehmen sein. Ihr Geständnis hat sie nur ihrer Vertrauten Magdalena schriftlich anvertraut.

W Dieses Denken haben wir in fünf Kapiteln schon so weit vorgestellt, dass klar sein sollte, wie missverständlich seine Kennzeichnung als »idealistische Philosophie des Geistes« ist.

R Wie die beiden Gedichte beweisen, kennt Hegel neben dem »Geist« auch die »Seele« und das »Herz«. Und er verbindet die Poesie seines Liebesbekenntnisses mit dem Prinzip seiner Philosophie der Liebe: Es zeigt sich im »Widerblick« und »Wechselleben« der Liebenden. Wir werden diskutieren, welche Bedeutung diese

6. Liebesglück und Dialektik der Liebe

lebendige – nicht lediglich gedachte – Wechselseitigkeit des Liebens für die Konzeption der Hegel'schen Dialektik hatte.

Am 18. April 1811 wendet sich Hegel an seinen vertrauten Freund Niethammer. Darin gibt er »die Verbindung mit einem lieben, lieben, guten Mädchen« bekannt. Ob er seine Braut noch als Mädchen empfindet, lässt sich nicht eindeutig sagen. »Seit vorgestern habe ich die Gewissheit, dass ich dies liebe Herz mein nennen darf. – Ich weiß, Sie wünschen mir herzlich Glück dazu. ... Sie heißt – Marie von Tucher.« Dann bekennt Hegel seinem Freund, welches Glück er empfindet. »Ich erspare mir die Beschreibung, wie glücklich ich mich fühle.«

Die Einwilligung des Vaters Freiherr von Tucher ist jedoch nicht bedingungslos erfolgt. »Mein Glück ist zum Teil an der Bedingung gebunden, dass ich eine Stelle auf der Universität erhalte.« Offensichtlich nimmt die Familie von Tucher Anstoß am Standesunterschied. Ein Rektor selbst mit dem Titel eines Professors scheint nicht zu genügen. Diese Bedingung motiviert Hegel zusätzlich, eine Anstellung an einer Universität zu erhalten. Er hofft auf eine Professur in Erlangen oder Altdorf.

Niethammer fühlt, wie Hegel diese Bedingung bedrückt. Seine Antwort erreicht Hegel zwei Wochen später. »Wenn ich Ihren Brief richtig verstanden habe, so wollen Sie nicht nur die Vollziehung der Heirat, sondern sogar die öffentliche Bekanntmachung Ihrer eingegangenen Verbindung bis zu Ihrer erfolgten Beförderung nach Erlangen aufschieben. Ich kann dies auf keine Weise billigen.«

Der Freund Niethammer ermuntert Hegel in dringlicher Weise, auf eine Aufschiebung zu verzichten. Er appelliert an sein Ehrgefühl und sein Standesbewusstsein als Professor. »Halten Sie etwa sich als Professor und Rektor des Gymnasiums in Nürnberg nicht für angesehen und würdig genug, um öffentlich und solenn als Mitglied einer Familie aufgenommen zu werden, die in dem vormaligen Glanze der Reichstadt Nürnberg allerdings eine sehr angesehene Stellung eingenommen hat? ... Geradezu gesagt, ich halte dies für eine ebenso unselige als unbegründete Furchtsamkeit von Ihrer Seite ... Überdies bin der Meinung, dass ... der Rang, den Sie als Rektor und Professor eines der angesehensten königlichen Gymnasien haben, der sie einem königlichen Kreisrat an die Seite stellt, nicht unter der Linie ist, die Ihnen sogar ehemals den Eintritt in die Familie, der Sie jetzt mitangehören, eröffnet haben würde ... Lassen Sie sich

6. Liebesglück und Dialektik der Liebe

also doch ja nicht durch solche eitle Besorgnisse, um nicht zu sagen, durch eine gewisse Eitelkeit von Ihrer Seite, die den Philosophen so schlecht kleidet, abhalten, Ihre Verbindung baldmöglichst zu vollziehen.«

Neben dieser beruflichen Besorgnis Hegels gibt es da noch ein Problem: seinen unehelichen Sohn Louis. Deshalb schreibt er an Frau Frommann in Bamberg, bei der Louis in Pflege ist. Er bittet sie, den Umstand seiner ehelichen Verbindung, »noch geheim zu halten, der die Unverschämtheit der Burkhardt (leibliche Mutter seines Sohnes), wenn er ihr zu Ohren käme, eh mit ihr vollends alles im Reinen ist, noch mehr aufreizen könnte.«

W Ich stelle mir vor, unter welchem enormen Druck er seiner Geliebten gesteht, dass er bereits einen vierjährigen Sohn hat, von einer Frau, die nicht als standesgemäß gelten kann. Wirft dieses Geständnis einen dunklen Schatten auf die Beziehung? Fällt dieser Makel auch auf sie bzw. ihre Familie? Hat Marie ihn aufgefordert, diese peinliche Angelegenheit ihrem Vater zu erklären? Wie mag er reagiert haben? Wir wissen es nicht.

Auch gegenüber Frau Frommann bekennt er sein Glück: »Wie ganz anders fühle ich meine Verhältnisse zu mir selbst und zu der Welt durch dieses Verhältnis, das den Menschen erst sich selbst gibt und ihn beschließt.«

Dieses Bekenntnis verdeutlicht, dass Hegel durch das Ereignis wechselseitiger Liebe ein verwandeltes Verhältnis zur Welt und dadurch zu sich selbst gewinnt. Durch die Liebe wird sein Leben vollendet.

Das Problem der öffentlichen Bekanntmachung findet eine günstige Lösung. An Niethammer schreibt er am 30. Mai 1811: »Die Bekanntmachung der Sache hat sich von selbst gemacht; der Vater der Marie hat mich ihrem Großvater vorgestellt. Wer A sagt, gerät nun durch das ganze Alphabet hindurch. Wir gerieren uns somit vor der ganzen Welt als Brautleute.«

Der nachfolgende Satz gibt manches Rätsel auf: »Ohnehin wissen Sie auch, wer seine Sache auf die Güte der Frauen gestellt hat, besonders in dergleichen – hat nicht auf Sand gebaut. – " Aus den Briefen, die Freifrau von Tucher an ihre Tochter in Berlin schreiben wird, geht klar hervor, dass sie Hegel sehr gewogen ist. Der Schwiegersohn ist nur um ein Jahr jünger als die Schwiegermutter. Ein Empfehlungsschreiben Niethammers an den Freiherrn scheint

6. Liebesglück und Dialektik der Liebe

ebenfalls Eindruck gemacht zu haben. Der Weg ist frei, der Hochzeit steht fast nichts mehr im Wege.

Doch gilt es, die Erlaubnis des Dienstherrn zu erwirken.

Am 14. August 1811 stellt das königliche Kommissariat der Stadt Nürnberg die erforderliche Erlaubnis zu:»Im Namen seiner Majestät des Königs von Bayern wird dem Rektor und Professor Hegel, hieselbst, auf seine Eingabe vom 1. v. M. in Gemäßheit allerhöchsten Reskripts vom 8. huj. zu Vollziehung seines Eheverlöbnisses mit Maria Helena Susanna von Tucher die gebetene Erlaubnis andurch erteilt.«

Alle Hürden sind genommen. Das stille Glück kann sich im Erfolg sonnen.

Doch über den strahlenden Himmel ziehen Wolken, die immer dunkler werden. Im Brief an Marie im Sommer des Jahres 1811, er enthält kein Datum, wandeln sich Tonlage und Stimmung. Differenzen zwischen den Liebenden treten zutage. Wir zitieren wichtige Passagen:

»*Liebe Marie!*
Ich habe beinahe die ganze Nacht hindurch an Dich in Gedanken geschrieben! Es war nicht um diesen oder jenen einzelnen Umstand zwischen uns, um den es in meinen Gedanken ging, sondern es ging notwendig um den ganzen Gedanken: werden wir uns denn unglücklich machen? – Es rief aus den Tiefen meiner Seele: Dies kann, dies soll und darf nicht sein! – Es wird nicht sein. Aber was ich längst zu Dir sagte, stellt sich mir als Resultat dar, die Ehe ist wesentlich religiöses Band; die Liebe hat zu ihrer Ergänzung noch ein höheres Moment nötig, als sie an sich selbst und für sich allein ist. Was vollkommene Befriedigung, ganz glücklich sein heißt, vollendet nur die Religion und das Pflichtgefühl ... Hatten wir am Abend vorher nicht bestimmt davon gesprochen oder es ausgemacht, dass wir es Zufriedenheit heißen wollen, was wir miteinander zu erreichen gewiss seien; und: ›Es gibt eine selige Zufriedenheit, die, ohne Täuschung betrachtet, mehr ist als alles, was glücklich sein heißt.‹ – Als ich die Worte geschrieben, die ich vor mir habe und deren Sinn mir so teurer ist: ›Du siehst daraus ... wie glücklich mich solcher Gewinn einer Liebe, auf den ich mir kaum noch Hoffnung in der Welt machte, bereits schon macht?‹ – so fügte ich ... noch hinzu: ›insofern Glück in der Bestimmung meines Lebens liegt.‹ Ich meine nicht, dass Dir dies hätte weh tun sollen! ... Ich erinnere Dich ferner daran, dass du mir versprochen, für das, was ich meinem Gemüt von Unglauben an Zufriedenheit zurück wäre, meine Heilerin zu sein, d. h. die Versöhnerin meines wahren Innern mit der Art und Weise, wie ich gegen das Wirkliche und für das Wirkliche

6. Liebesglück und Dialektik der Liebe

– zu häufig – bin; dass dieser Gesichtspunkt Deiner Bestimmung eine höhere Seite gibt; dass ich Dir die Stärke dazu zutraue; dass diese Stärke in unserer Liebe liegen muss; – Deine Liebe zu mir, meine Liebe zu dir – so besonders ausgesprochen – bringen eine Unterscheidung herein, die unsere Liebe trennte; und die Liebe ist nur unsere, nur diese Einheit, nur dieses Band; wende Dich von der Reflexion in diesen Unterschied ab und lass uns fest an diesem Einen halten, das auch nur meine Stärke, meine neue Lust des Lebens sein kann; lass dieses Vertrauen zum Grunde von allem liegen, so wird alles wahrhaft gut sein.«

Hegel räumt ein, vielleicht nur wegen seiner »hypochondrischen Pedanterei« »auf dem Unterschiede von Zufriedenheit und Glück« beharrt zu haben, und schwört bei sich selbst: »... dass Dein Glück mir das Teuerste sein soll, was ich habe ... *liebe Marie* – nur dies möchte ich Dir noch sagen können, welches Gefühl, wie viel – meine Existenz, so viel sie ist – mir in diesen Worten: *liebe Marie* liegt. Dein Wilhelm.«

Durch diesen Brief bekommen wir einen tiefen Einblick in das Gemüt bzw. die grundsätzliche Gemütslage Hegels. Wir entdecken einen zweifelnden und aufgewühlten Menschen, den der scheinbar erste Dissens mit Marie umtreibt. Schon befürchtet er, dass sein pedantisches Verhalten sie beide unglücklich machen könnte. Dies will er geradezu beschwörend abwenden. Er drängt Marie gewissermaßen, einzusehen, dass selige Zufriedenheit mehr ist als alles, was glücklich sein heißt. Der Griesgram wagt nicht, an das große Glück zu glauben. Er stellt infrage, ob ihm überhaupt Glück bestimmt ist, was natürlich die Beziehung insgesamt betreffen würde. Dadurch fühlt Marie sich zutiefst verletzt, eine Reaktion, mit der Hegel nicht gerechnet hatte. Es darf bezweifelt werden, ob Marie aus vollem Herzen dem Versprechen zugestimmt hat, Zufriedenheit statt Glück anzustreben. Es ist unglaublich, zu welchen Versprechen er die junge Zwanzigjährige nötigt. Sie soll seine »Heilerin« sein, sein fehlender Optimismus gegenüber der Realität beschwert nicht nur sein Gemüt, sondern er verhindert die Leichtigkeit des Lebens, ihres gemeinsamen Lebens. Er mutet ihr zu, das Unversöhnliche in seinem Inneren zu versöhnen. Es ist nicht auszuschließen, dass er Marie überfordert.

Das einigende Zwischen, das ein lebendiges Wir konstituiert, scheint in Ich und Du zerfallen. Der offene Dissens führte schließlich dazu, dass wohl Marie von unterschiedlichen Weisen ihrer Liebe gesprochen hat: meine Liebe zu dir und deine Liebe zu mir.

6. Liebesglück und Dialektik der Liebe

Dadurch sieht Hegel die Einheit ihrer gemeinsamen Liebe gefährdet. Die ursprüngliche Erfahrung der Stärke ihres Liebesbandes schenkte ihm eine »neue Lust des Lebens«, um die er nun bangt. Mit der Hoffnung, dass alles gut werden wird, blickt er nach vorne. Sein Brief endet mit dem Eingeständnis, dass er an diesem Dissens schuld ist, indem er Glück zu Zufriedenheit nivellieren wollte. Und er schwört bei sich selbst, »dass Dein Glück mir das Teuerste sein soll, was ich habe«.

Der gefühlsstarke Brief hat wohl nicht ausgereicht, um die Wogen zu glätten. Hegel sieht sich zu einem weiteren Brief veranlasst, aus dem hervorgeht, dass der Sturm die Wogen höher peitschte. Anrede und Anfang fehlen.

»... *Ich habe Dir mit einigem, was ich sagte, wehe getan. Dies schmerzt mich. Ich habe Dir dadurch wehe getan, dass ich moralische Ansichten, die ich verwerfen muss, als Grundsätze Deiner Denk- und Handlungsweise zu verwerfen schien. – Ich sage Dir hierüber jetzt nur dies, dass ich einesteils diese Ansichten verwerfe, insofern sie den Unterschied zwischen dem, was das Herz mag und was ihm beliebt, und zwischen der Pflicht aufheben oder vielmehr die letzte ganz wegnehmen und die Moralität zerstören. Ebenso sehr aber – und dies ist die Hauptsache zwischen uns – bitte ich Dich, mir zu glauben, dass ich jene Ansichten, insofern sie diese Konsequenz haben, nicht Dir, nicht Deinem Selbst zuschreibe, dass ich sie so ansehe, dass sie nur in Deiner Reflexion liegen, dass Du sie nicht in ihrer Konsequenz denkst und kennst und übersiehst, – dass sie dir dienen, andere zu entschuldigen ...«.*

Hegel vermutet, dass seine Marie mit ihren Erwägungen nicht ihren eigenen Standpunkt vertritt und daher nicht für sich selbst spricht. Insofern glaubt er, sie vor sich selbst verteidigen zu müssen.

»... *Zugleich weißt du selbst, dass, wenn auch Charakter und Maximen der Einsicht verschieden sind, es nicht gleichgültig ist, welche Maximen die Einsicht und Beurteilung habe; aber ich weiß ebenso gut, dass Maximen, wenn sie dem Charakter widersprechen, bei einem weiblichen Wesen noch gleichgültiger sind als bei Männern.*

... wenn einem so lieben Wesen, als Du bist, nie weh getan werden soll, könnte es mir beinahe nicht leid darum sein, wo ich Dir wehe getan, denn ich fühle, dass durch die tiefere Anschauung, die ich dadurch in Dein Wesen hinein erhalten habe, die Innigkeit und Gründlichkeit meiner Liebe zu Dir noch vermehrt worden ist; tröste Dich darum auch damit, dass, was in meinen Erwiderungen Unliebevolles und Unweiches gelegen haben mag, dadurch alles verschwindet, dass ich Dich immer tiefer, durch

6. Liebesglück und Dialektik der Liebe

und durch liebenswürdig, liebend und liebevoll fühle und erkenne. Ich muss in die Lektion. Lebe wohl — liebste, liebste, holdselige Marie. Dein Wilhelm.«

Hermann Glockner, der Hegels »Sämtliche Werke« als »Jubiläumsausgabe in zwanzig Bänden, einer Hegel-Monographie und einem Hegel-Lexikon« herausgegeben hat, führt den Streit im ersten Band seiner Monographie auf die »Differenz von männlicher und weiblicher Lebensauffassung« zurück: »Hier handelt es sich um einen wirklichen Konflikt, der aus der Verbindung des einundvierzigjährigen Mannes mit dem offenbar höchst fraulich veranlagten zwanzigjährigen Mädchen zu erwachsen drohte und in nichts geringerem als dem Zusammenstoß der rational-gesteuerten und maximenhaft-festgelegten Lebensanschauung Hegels mit dem irrationalen Empfinden und Bedürfen seiner zu- künftigen Lebensgefährtin bestand.« Glockner konstatiert: »Er versucht: sich in seine Frau hineinzuleben, ihre Weiblichkeit in sich aufzunehmen und in sich selber auszubilden, was ihr entgegenkommt. Er freut sich: in einer ebenso innigen wie gründlichen Liebe zu erkennen und zu fühlen, ›seine‹ rationalen Maximen und ›ihre‹ Gemütsentscheidungen in einer höheren – vollmenschlichen – Einheit aufzuheben.«

W Wir können dieser Einschätzung Glockners nicht vorbehaltlos zustimmen, wenn er die Ursache für den Konflikt auf eine »Differenz von männlicher und weiblicher Lebensauffassung« zurückführt. Die Verletzung Maries liegt wahrscheinlich in der Art, wie ihr Bräutigam mit ihr redet: hart, streng und besserwisserisch. Der Professor weist seine Schülerin zurecht, verpasst ihr eine Lektion und gibt ihr zu verstehen, dass sie die Konsequenzen ihrer Einstellung nicht bedenkt. Streitbar und kompromisslos, wie es seinem Gemüt entspricht, glaubt er, nicht nur ihre Ansichten verwerfen, sondern sogar die Grundsätze ihrer Denk- und Handlungsweise verurteilen zu müssen. Für einen Liebenden steht es nicht an, die Denkweise des Geliebten zu verurteilen. Dies gebietet schon der Respekt.

R Er verwirft eine Haltung, die das, »was das Herz mag und was ihm beliebt«, über die Pflicht stellt, wodurch die Moralität zerstört werden würde. Man glaubt, den rigorosen Kant zu hören. »Pflicht, du erhabener Name!« Obwohl Hegel erleben musste, wie sehr er Marie mit seinen Worten verletzt hat, kommt er nun nicht auf den Gedanken, in seinem Brief weniger massiv aufzutreten.

6. Liebesglück und Dialektik der Liebe

W Aus dem beginnenden Dissens über die Gewichtung von Glück und Zufriedenheit ist ein verletzender Grundsatz-Streit darüber entbrannt, ob das Herz gewinnen darf oder die Pflicht geboten ist. Hegel glaubt zu wissen, dass Marie als weiblichem Wesen der Widerspruch von Maximen und Charakter gleichgültig sein könnte. Als Philosophielehrer weiß er dialektisch zu denken, doch im Privaten ist er nicht fähig, den Widerspruch zwischen ihm und Marie dialektisch aufzuheben.

R Wir finden seine Art, mit Marie umzugehen, sehr problematisch. Um sie von seiner Position zu überzeugen, redet er ihr ein, dass das, was sie denkt, gar nicht aus ihr selbst kommt, sondern dass sie sich fremde Meinungen angeeignet hat.

W Wir haben uns darauf beschränkt, die Antwort Hegels als Erklärung seiner Liebe wiederzugeben, die in ihrer tiefen Empfindung und ihrem hohen Ernst kaum zu überbieten sein dürfte.

R Nach all dem dürfen wir annehmen, dass die Braut wenige Wochen vor der Hochzeit sich der Liebe ihres Bräutigams sicher sein konnte. Die Selbsteinschätzung ihrer Rolle in der Beziehung zwischen beiden ergibt sich aus einem handschriftlichen Zusatz am Ende eines Hegelbriefes an Caroline Paulus:

»So lang und breit sich auch mein Herr mit seinem Geschreibsel macht und so ärmlich das Winkelchen ist, das er mir anweist, so weiß ich doch, die gute Paulus übersieht mich nicht. Ich erhob schon früher im Gespräche meines Herrn meine kleine Stimme, aber ehrerbietig schwieg ich gleich wieder, ob ich gleich so gerne manches noch ausführlicher bestätigt hätte.«

W Bei dem Streit zwischen dem »Mädchen« und ihrem »Herrn« wird sie nicht so ehrerbietig gewesen sein, wie sie es hier in vielleicht ironischer Weise darstellt. Caroline Paulus, seit Jenaer Zeiten mit Hegel befreundet, äußert sich dazu brieflich einigermaßen süffisant:

»Ihrer lieben Marie geben Sie einen herzlichen Kuss von uns allen. Es wird überflüssig sein anzumerken, dass ich darunter nicht einen, sondern mehrere verstehe. Die von ihrer niedlichen Hand beigesetzten Zeilen haben mich doppelt gefreut, und ich muss Sie beide ausdrücklich dafür loben. Sie, weil Sie den Hauptruck schon so schön vorbereitet und sich bereits als künftigen Herrn und Herrscher des Hauses ausgesprochen ... die sanfte Marie, weil sie den despotischen Ausspruch so willig anerkannt und Sie schon vor der Hochzeit demütig ihren Herrn nennt.«

6. Liebesglück und Dialektik der Liebe

R Wie hätte sie den designierten Ehemann Anfang des 19. Jahrhunderts sonst nennen sollen – ihren Liebhaber; ist ihr die mögliche Ironie entgangen?

Welche Entwicklung die Beziehung zwischen Hegel und Marie bis zum Herbst 1811 tatsächlich genommen hat, bleibt unbekannt, nicht jedoch die Hochzeit. Sie findet am 16. September in der Heilig-Geist-Kirche zu Nürnberg statt.

Im Brief vom 10. Oktober dankt Hegel seinem Unterstützer und Freund Niethammer. »Ich habe Ihnen noch für mehr als diese Teilnahme zu danken, denn Sie sind der Schöpfer auch dieses Teils meines Glücks. Ich habe damit im ganzen ... mein irdisches Ziel erreicht, denn mit einem Amte und einem lieben Weibe ist man fertig in dieser Welt. Es sind die Hauptartikel dessen, was man für sein Individuum zu erstreben hat.«

Am Anfang sah Hegel in Marie sein »liebes Mädchen«, jetzt spricht er von einem »lieben Weib«. Vermutlich hat sich das Mädchen zum Weib so weit emanzipiert, wie es die damalige Zeit möglich machte.

R Wir haben im Vorwort schon mit Hegels bekanntem Wort gespielt, Philosophie sei »ihre Zeit, in Gedanken erfasst«. Und 1811 war eben noch nicht die Zeit der Emanzipation.

W Nutzen wir die Gelegenheit, mit der Fundstelle des Zitats auch unseren Umgang mit den Quellen anzusprechen.

R Das zitierte Wort findet sich in der Vorrede zu den »Grundlinien der Philosophie des Rechts«. Wie schon gesagt, handelt es sich um das letzte Buch von Hegels eigener Hand, also das letzte selbst redigierte Buch. Erschienen ist es im Herbst 1820, das Titelblatt nennt das Jahr 1821.

W Ist es legitim, eine Frage aus dem Jahr 1811 mit einem Buch zu beantworten, das erst zehn Jahre später erschienen ist?

R Es kommt darauf an, ob die Chronologie des geschilderten Geschehens eine solche Antwort ohne Anachronismus-Verdacht erlaubt. Im Falle der Emanzipation besteht dieser Verdacht nicht, weil wir nicht nach dem Stand der Hegel'schen Philosophie des Jahres 1811 fragen, sondern nach dem Geist dieser Zeit. Und für ihn gibt Hegels Rechtsphilosophie die richtige Antwort unabhängig vom Jahr ihres Erscheinens.

6. Liebesglück und Dialektik der Liebe

W Einverstanden. Dann sollten wir jetzt dem Prinzip der Wechselseitigkeit der Liebe entsprechend danach fragen, wie Marie zu ihrem Wilhelm stand.

R Einen Monat nach dem Tod ihres Mannes schreibt sie Mitte Dezember 1831 an Karl Daub, einen mit Hegel befreundeten Theologieprofessor in Heidelberg: »Mir war der Segen zu Teil, Ihm am nächsten stehen zu dürfen, als die Seinige seinem Herzen anzugehören, ich will ihn mir festhalten und mit Freudigkeit, so lang ich lebe, Gott für dies Glück danken.«

In Glockners Hegel-Monographie wird das Glück bestätigt und für die Nürnberger Rektoratszeit bekräftigt:

»Diese Jahre (1808 bis 1816) gehören in vieler Hinsicht zu den besten, die Hegel beschieden waren: er lebte damals in der Vollkraft seiner philosophischen Existenz ... In Nürnberg heiratete er – einundvierzigjährig – Marie von Tucher: eine zarte Patrizierin, erst zwanzig Jahre alt ... Die Ehe war glücklich.«

R Marie und ihre Mutter Susanna von Tucher haben regelmäßig miteinander korrespondiert. In einer ganzen Reihe der über 200 Briefe, die erhalten und archiviert sind, wird das Eheglück erwähnt und Hegel als guter Ehemann gelobt. Beispielsweise habe er sich »immer fürs Essen bedankt«.

W Ein Brief Maries aus der Berliner Zeit enthält einen Hinweis auf die fast vergessene Mahnung der Mutter, die Tochter möge sich »nicht von einem über zwanzig Jahre älteren Mann den Kopf verdrehen lassen«. »Heute bist auch Du froh, einen höchst angesehenen Professor der Philosophie zum Schwiegersohn zu haben.«

R Nach einer Legende soll Marie jede Gelegenheit genutzt haben, den frischgebackenen Rektor bei seiner Tätigkeit im Gymnasium direkt gegenüber dem Tucher'schen Palais am Egidienberg mit dem schwärmerischen Interesse einer Zwanzigjährigen zu beobachten.

W Die historische Wahrheit ist, dass die Familie dieses Palais erst im Jahre 1828 erworben hat, also zwanzig Jahre nach dem Beginn des Rektorats und zwölf Jahre nach dem Umzug Hegels nach Heidelberg. Eine »wahrheitsnahe« Erzählung im Sinne unseres Vorwortes könnte »das Fräulein Marie« also nicht einfach in ein Zimmer am Egidienberg hineinschwindeln.

R Das wäre weit weg von der Wahrheit, deren zeitgenössische Dokumente sich im Stadtarchiv Nürnberg befinden.

6. Liebesglück und Dialektik der Liebe

W Im Vorwort haben wir der Liebe Hegels und Marie von Tuchers auch philosophisch einen hohen Stellenwert eingeräumt: Das »Wir« dieser wechselseitigen Liebesbeziehung habe Hegel als Überwindung des Widerstreits zwischen »Ich« und »Du« und als Bestätigung seiner Philosophie der dialektischen »Aufhebung« von Gegensätzen empfunden. Diese prominent von Wilhelm Weischedel vertretene These gilt es jetzt zu begründen.

R Dabei geht es um den Ursprung der Gleichsetzung von »Vernunft« und »Wirklichkeit«, weil die in Nürnberg erfahrene Wirklichkeit der Liebe für Hegel zum lebendigen Paradigma dialektischer Vernunft geworden ist. Da es sich dabei um einen der Leitgedanken unseres Buches handelt, sollten wir genau erklären, was wir erstens unter »Paradigma« und zweitens unter »lebendig« verstehen.

W Wir gebrauchen das Wort in der Bedeutung des altgriechischen »paradeigma« als »Muster«. Damit greifen wir nicht so hoch wie Platon mit seinem »Urbild« einer vor der Geburt geschauten Idee (»eidos«), an die unsere Seele sich in einer heute nicht mehr nachvollziehbaren metaphysischen Konzeption erinnert.

R Wir erinnern lieber an unsere Beschäftigung mit der Begriffslehre: »Ideen« werden in Hegels Philosophie durch Begriffe wirklich.

W Dem »Begriff« kommt dabei eine ganz andere Bedeutung zu, als man sie aus sonstigen philosophischen Konzeptionen kennt. Deshalb möchte ich wiederholen und bekräftigen: »Idee«, »Begriff« und »Wirklichkeit« stehen in Hegels System in einem dialektischen Verweisungszusammenhang, der schon früh entdeckt wurde.

R Wir haben in der Schule Hegels schon im ersten Kapitel gelernt, dass die Dialektik mit integralen »Momenten« eines Ganzen zu tun hat, die das einzelne »An sich« über das besondere »Für sich« mit dem allgemeinen »An und für sich« vermitteln.

W In Nürnberg kam das »lebendige« Paradigma der Liebe hinzu. Wenn zwei »einander« lieben, verweist das in Anführungszeichen gesetzte Reziprokpronomen auf eine Wechselbezüglichkeit als dialektische Grundstruktur einer gelebten Liebesbeziehung.

R Wir haben die poetische Form des »Wechsellebens« und des »Widerblicks« zitiert, die Hegel der strukturellen Reziprozität der Liebe in Gedichten gegeben hat, die er seiner Frau dedizierte. Nun geht es um die Philosophie dieser Struktur.

6. Liebesglück und Dialektik der Liebe

Der junge Hegel schreibt in »Entwürfe über Religion und Liebe«: »Der Geliebte ist uns nicht entgegengesetzt, er ist eins mit unserem Wesen; wir sehen nur uns in ihm – und dann ist er doch wieder nicht wir – ein Wunder, das wir nicht zu fassen vermögen.«

W »Nicht zu fassen« vermag das Wunder der Liebe ein Denken, das den Widerspruch zwischen Fremdheit und Einssein mit dem Geliebten nicht überwinden kann.

R So ist es. Für Hegel ist die Liebe »der ungeheuerste Widerspruch, den der Verstand nicht lösen kann«. Sehen wir uns seine Lösung an, um mit der Dialektik als der Besonderheit Hegel'schen Philosophierens noch besser als bisher vertraut zu werden.

»In der Liebe ist man nicht einseitig in sich, sondern man beschränkt sich gern in Beziehung auf ein Anderes, weiß sich aber in dieser Beschränkung als sich selbst.«

W Eine Beschränkung, die ich mir selbst »gern« und damit nicht gezwungen, sondern freiwillig auferlege, weil ich einen anderen liebe, hebt den Widerspruch zwischen einer »einseitigen« Beschränkung durch mich selbst und einer un-freiwilligen Beschränkung durch den Anderen auf.

»Das erste Moment in der Liebe ist, dass ich keine selbständige Person für mich sein will ... Das zweite Moment ist, dass ich mich in einer anderen Person gewinne, dass ich in ihr gelte, was sie wiederum in mir erreicht.«

R Der Zusammenhang der Momente verlangt nach der dialektischen Devise »das Wahre ist das Ganze« die »Aufhebung« des Widerspruchs zwischen erstem und zweitem Moment. Wir erinnern daran, was Hegel dazu in der »Wissenschaft der Logik« geschrieben hat. »Aufheben« hat den dreifachen Sinn von »vernichten«, »hochheben« und »aufbewahren«.

W Seinen Schülern hat Hegel es auch lateinisch diktiert: »negare, elevare, conservare«.

Die Liebe »ist die Empfindung, worin die Selbstsucht der Einzelnen und ihr abgesondertes Bestehen negiert wird, die einzelne Gestalt also zugrunde geht und sich nicht erhalten kann«.

R Dialektisch wird diese Negation aber wiederum negiert und damit konserviert. Die Dialektik der Liebe verlangt »die versöhnte Rückkehr aus seinem Anderen zu sich selbst«.

W Wir erinnern uns des Briefes an Marie, in dem er von Versöhnung spricht. Der Liebende findet »die Wurzeln seines Daseins in einem Andern und genießt doch in diesem Anderen gerade ganz sich selbst«.

R Die Dialektik besteht demnach darin, »sich in einem anderen Selbst zu vergessen, doch in diesem Vergessen sich erst selbst zu haben und zu besitzen«.

W Auf der höheren Ebene des Begriffs »Liebe« ist der Widerspruch zwischen dem selbstsüchtigen Ich des Liebenden und dem selbstsüchtigen Ich des Geliebten eben in jener dreifachen Bedeutung aufgehoben, die Hegel selbst immer wieder bemüht hat.

R »Aufgehoben« auf die Ebene jenes typisch hegelischen Begriffs, auf der die Idee der Liebe wirklich wird und die lebendige Dialektik zwischen der Selbstvergessenheit der Liebenden und ihrer Selbstfindung dieses von einem bloß analytischen Verstand unbegreifliche Geschehen vollbringt. Von der Freiwilligkeit dieses Geschehens war schon die Rede. Die »Grundlinien« sprechen von »Befreiung«: »... der objektive Ausgangspunkt ... ist die freie Einwilligung der Personen, und zwar dazu, *eine* Person auszumachen, ihre natürliche und einzelne Persönlichkeit in jener Einheit (sc. der Ehe) aufzugeben, welche nach dieser Rücksicht eine Selbstbeschränkung, aber eben, indem sie in ihr ihr substantielles Selbstbewusstsein gewinnen, ihre Befreiung ist.«

W Nach allem, was wir dazu bisher berichtet haben, entwickelte sich die Beziehung zwischen Marie von Tucher und ihrem Wilhelm zu einem ein Verhältnis zweier Liebender, in dem beide einander frei-setzten zu wechselseitiger frei-williger Beschränkung.

R Bedenkt man, dass Hegels »Phänomenologie des Geistes« eine Philosophie der Freiheit ist und die Weltgeschichte für ihn der »Fortschritt im Bewusstsein der Freiheit«, sollte langsam klar werden, was mit der Liebe in einem Verhältnis wechselseitiger Freiheit als lebendigem Paradigma der Hegel'schen Dialektik gemeint sein könnte.

W Zitat: »In der Liebe sind nach allen Seiten des Inhalts die Momente vorhanden, welche wir als Grundbegriff des absoluten Geistes angaben: die versöhnte Rückkehr aus seinem Anderen zu sich selbst.«

R Wer selbständig studieren will, wie Hegels Dialektik die Idee der Freiheit in den Begriffen seiner Philosophie verwirklicht, sollte Klaus Viewegs große Monographie »Das Denken der Freiheit« lesen. Sie umfasst allerdings 552 Seiten. Ihre Pointe ist republikanisch in der besten Bedeutung dieses Prädikats: »Der moderne Staat muss als Realisierung des Begriffs des freien Willens gelten können, als Staat der Freiheit.«

W Du hast nicht nur mir gegenüber, sondern auch in deinen Publikationen immer wieder die »Republikvergessenheit« der Staatsrechtslehre beklagt und das fehlende Bewusstsein vom synonymen Gebrauch der Begriffe »Republik« und »Freistaat«.

R Noch hoffe ich auf eine langsame Veränderung des Bewusstseins. Das ist zugleich das Stichwort für die Frage nach der Struktur des dialektischen Paradigmas: Es stellt keine bloße Bewegung des subjektiven Bewusstseins oder Denkens dar und darf auch nicht lediglich als Methode des Philosophierens verstanden werden. Es ist ein lebendiges Geschehen des Geistes ...

W ... in der Bewegung der Begriffe, in der jeder neue Begriff »höher und reicher« ist als der vorhergehende, weil dessen Negation ihn auf die Ebene der dialektischen Begriffsbildung hebt und um die Position der Negation bereichert.

R Für die Dialektik der Liebe heißt das: „ ... das erste Moment in der Liebe ist der Wille, nicht mehr nur für mich selbst und egoistisch sein zu wollen, sondern mein Selbst aufzugeben. Das zweite ist die Hingabe meines Selbsts an einen anderen Menschen, so dass ich aber drittens im anderen und in der Einheit mit ihm mein eigentliches Selbst bereichert wiedergewinne.«

W Hegel selbst überträgt diese Liebes-Dialektik im nächsten Satz auf das Denken: »So ist es ebenso mit dem Denken. Ich soll mein eigenes, subjektives Denken aufgeben und mein Denken der Sache hingeben. Dadurch gewinnt das Denken sich selbst als wahrhaftes zurück.«

R Entschuldige – da komme ich beim besten Willen nicht mehr mit: Die Hingabe an eine geliebte Person kann nicht dasselbe bedeuten wie die Hingabe an eine geliebte Sache. Und bei aller Liebe: Wirklich erwidert werden kann sie nur von einer Person.

W Mir geht es ähnlich wie dir. Ich versuche aber, die in Nürnberg entstandene »Logik« so zu verstehen, dass die logische Identität von Person und Sache plausibel erscheint. Der erste Teil des ersten Buches mit dem Titel »Erster Band. Die objektive Logik« erscheint am 22. März 1812 in der Nürnberger Verlagsbuchhandlung Schrag.

R Der zweite Teil im Jahre 1813 und der zweite Band 1816 ebenfalls bei Schrag. Später nennt Hegel sein Werk »Wissenschaft der Logik«.

6. Liebesglück und Dialektik der Liebe

Wer unter diesem Titel eine formal-logische Syllogistik, eine Lehre vom korrekten Schlussfolgern in der Tradition der Ersten Analytik des Aristoteles, erwartet, wird enttäuscht sein. Im Brief an Niethammer präzisiert Hegel sein Werk als »ontologische Logik«. Diese spezifisch hegelische Logik gehört zu den schwierigsten Texten der Philosophie. Er selbst weiß um ihren »abstrusen Inhalt«. Welche Aufgabe sich Hegel mit der Logik stellt, geht unter anderem aus der »Vorrede zur ersten Ausgabe« hervor. Um eine Vorstellung davon zu bekommen, zitieren wir zentrale Sätze:

»Die völlige Umänderung, welche die philosophische Denkweise seit etwa fünf und zwanzig Jahren unter uns erlitten, der höhere Standpunkt ... hat bisher noch wenig Einfluss auf die Gestalt der Logik gehabt ... Die logische Wissenschaft, welche die eigentliche Metaphysik oder reine spekulative Philosophie ausmacht, hat sich bisher noch sehr vernachlässigt gesehen.«

Daher besteht die »Notwendigkeit, mit dieser Wissenschaft wieder einmal von vorne anzufangen... Der wesentliche Gesichtspunkt ist, dass es überhaupt um einen neuen Begriff wissenschaftlicher Behandlung zu tun ist. Die Philosophie, indem sie Wissenschaft sein soll, kann ... hierzu ihre Methode nicht von einer untergeordneten Wissenschaft, wie die Mathematik ist, borgen ... sondern es kann nur die Natur des Inhalts sein, welche sich im wissenschaftlichen Erkennen bewegt, indem zugleich diese eigene Reflexion des Inhalts es ist, welche seine Bestimmung selbst erst setzt und erzeugt.«

Die Logik entwickelt »die reinen Gedanken ... Ihre Selbstbewegung ist ihr geistiges Leben und ist das, wodurch sich die Wissenschaft konstituiert, und dessen Darstellung sie ist.«

In der Einleitung »Allgemeiner Begriff der Logik« fasst Hegel sein Vorhaben bündig zusammen: »Die Logik bestimmte sich danach als die Wissenschaft des reinen Denkens, die zu ihrem Prinzip das reine Wissen habe, die nicht abstrakte, sondern dadurch konkrete lebendige Einheit, dass in ihr der Gegensatz des Bewusstseins von einem subjektiv für sich Seienden und einem zweiten solchen Seienden, einem Objektiven, als überwunden ... gewusst wird.«

W Man muss erst einmal alles vergessen, was man bisher unter »Logik« verstanden hat, und sich ganz und gar auf Hegels Logikbegriff einlassen: »Reines Denken« fragt dann ausschließlich nach der »Selbstbewegung« des Geistes, die dessen Zusichselbstkommen ermöglicht.

6. Liebesglück und Dialektik der Liebe

R Als ontologische Logik ersetzt sie die alte Metaphysik statischen Seins durch die neue Metaphysik dynamischer Dialektik geistigen Werdens. Zu sich selbst kommt der sich bewusst werdende Geist eben nicht nur durch den wohlwollenden Widerstand, den geliebte Personen als Liebende leisten, sondern auch durch die Widerständigkeit von liebesunfähigen Sachen. Wer jemals einen dicken Baumstamm durchgesägt hat, weiß, wovon hier die Rede ist.

W Diese Widerständigkeit erfasst Hegel in seiner Dialektik – wie wir oft genug demonstriert haben – zunächst durch Widersprüche in Gestalt der Negation, die dann in einer höheren Position aufgehoben werden. In der Aufhebung des Widerspruchs zwischen Baumstamm und Säge liegt die geistige Erfahrung des richtigen Umgangs mit beiden Momenten der Dialektik.

R Ohne das philosophische Prinzip der dialektischen Selbstbewegung des Geistes verstanden zu haben, muss Hegels »Logik« – die nichts anderes ist als die Logik der Dialektik – völlig unverständlich bleiben.

W Das sollte zu diesem Thema genügen.

7. Höhenflüge des Weltgeists

W Das Wort haben schon Herder und Schelling benutzt, zu einem vielzitierten philosophischen Begriff ist der »Weltgeist« aber erst durch Hegel geworden. In Gestalt des »absoluten Geistes« beansprucht er, zum »wahren Wissen« der »Vernunft an und für sich« zu gelangen. Da ein derart hoher Anspruch in keinem anderen philosophischen System erhoben wird, erscheint uns die metaphorische Rede von den »Höhenflügen« des Weltgeists nicht übertrieben.

R Physikalisch gesprochen wird die Luft mit zunehmender Höhe aber immer dünner. Im übertragenen Sinne gilt dies auch für die Höhenflüge des Weltgeists. Wir werden uns daher nicht scheuen, auf die sinkenden Sauerstoffwerte hinzuweisen, die im Rahmen unseres physikalischen Vergleichs die philosophische Atmung erschweren.

W Ohne diesen Vergleich überstrapazieren zu wollen, kündigen wir eine kritische Sicht auf philosophische Positionen Hegels an, die uns unverständlich, überkonstruiert oder spekulativ und nicht mehr zeitgemäß erscheinen.

R Bei seiner ersten Erwähnung in der Vorrede zur »Phänomenologie des Geistes« heißt es, der »Weltgeist« habe »die Geduld gehabt«, die Erscheinungsformen des werdenden Wissens »in der langen Ausdehnung der Zeit zu durchgehen und die ungeheure Arbeit der Weltgeschichte ... zu übernehmen« – jene Arbeit, deren Resultat das »absolute Wissen« der wahren Wissenschaft ist.

W Wir werden uns der Herausforderung stellen, dieses beim ersten Lesen kaum verständliche Resultat aus dem dialektischen Denksystem Hegels zu begreifen, in dem wir uns als virtuelle Hegelschüler ja inzwischen ganz gut zurechtfinden.

R Wichtig erscheint mir der Hinweis, dass der »Weltgeist« in den Nürnberger Schriften nicht ein einziges Mal vorkommt. Das könnte ein Indiz dafür sein, dass Hegel seinen Schülern die höchste aller Zumutungen ersparen wollte. Wir wissen es nicht und lassen es deshalb offen.

7. Höhenflüge des Weltgeists

W Unsere Rede von den »Höhenflügen« des Weltgeists lässt an den Adler als König der Lüfte denken – und zwar mit gutem Grund: Friedrich Hölderlin, Studienfreund Hegels im berühmten Tübinger Stift, hat von einem mythischen »Adler« geschwärmt, der sich zunächst im Orient, dann in Hellas und Rom und schließlich in Germanien »niederließ«.

R Wie bereits erwähnt, hat Hegel in den letzten Paragraphen der »Grundlinien der Philosophie des Rechts« genau diese vier »Reiche« unterschieden – die wir im Geiste seiner Geschichtsphilosophie als Epochen verstanden haben: die orientalische, griechische, römische und germanische Epoche.

W Wenn ich daran erinnern darf, welche Aufgabe Hegel der »Weltgeschichte« als dem »Weltgerichte« überträgt: die Entwicklung des Begriffs der Freiheit. In diesem Zusammenhang muss es jetzt darum gehen, den oft zitierten »Fortschritt im Bewusstsein der Freiheit« so buchstabieren zu lernen, wie man es in der Schule Hegels erwarten kann. Dazu greifen wir auf die Texte zurück, die Hegel in seiner »Bewusstseinslehre für die Mittelklasse« im Unterricht diktiert hat.

R Augenblick: Die Bewusstseinslehre des Schuljahres 1808/1809 haben wir doch schon im vierten Kapitel behandelt.

W Aber ohne auf die verschiedenen Zwischenstufen des Bewusstseins näher einzugehen. Das holen wir jetzt anhand der zweiten Unterrichtseinheit im Schuljahr 1809/1810 nach. Ich gebe zunächst deren Gliederung wörtlich wieder: »Erste Stufe. Das Bewusstsein überhaupt. Zweite Stufe. Das Selbstbewusstsein. Dritte Stufe. Die Vernunft.«

R Die drei Stufen haben jeweils – was den Dialektiker nicht überraschen kann – drei Unterstufen. »Das Bewusstsein überhaupt ist 1. sinnliches, 2. wahrnehmendes, 3. verständiges.« Beginnen wir mit dem sinnlichen Bewusstsein: Es ist »die unmittelbare Gewissheit von einem äußerlichen Gegenstande«.

W »Das Wahrnehmen« beschreibt Hegel als »eine Vermischung von sinnlichen und von Reflexionsbestimmungen«. »Der Verstand« wird so bestimmt, dass ihm »die Dinge der Wahrnehmung nur als Erscheinungen gelten« und er »das Innere der Dinge betrachtet«. Dieses Innere ist »der Gedanke oder Begriff der Dinge«. Das Bewusstsein hat im Begriff »überhaupt sich zum Gegenstande«.

7. Höhenflüge des Weltgeists

R Ob Hegels Schüler diesen Sprung von der Wahrnehmung der äußeren Dinge zum Selbstbewusstsein im Begriff des inneren Wesens der Dinge nachvollziehen konnten?

W Wenn nicht, blieb ihnen der Zugang zum dialektischen Denken verschlossen. Denn im Begriff wird, wie wir oft genug betont haben, die Idee wirklich und die Wirklichkeit der Idee – oder synonym der Vernunft – darzustellen ist der Anspruch der Hegel'schen Dialektik.

R Die drei Stufen des Selbstbewusstseins sind: »Begierde«, »Herrschaft und Knechtschaft« und »allgemeines Selbstbewusstsein«. »In der Begierde verhält sich das Selbstbewusstsein zu sich als einzelnes«, in der Relation von Herrschaft und Knechtschaft setzt es sich ins Verhältnis zu einem »anderen Selbstbewusstsein« und im allgemeinen Selbstbewusstsein zu einem »allgemeinen Selbst«.

W Letzteres ist für Hegel eine »reine geistige Allgemeinheit« wie Familie und Vaterland als »Grundlage aller Tugenden, der Liebe, Ehre, Freundschaft, Tapferkeit, aller Aufopferung, alles Ruhms usw.« Auch wenn die »Ehre«, im Krieg für das »Vaterland« zu sterben, heute den meisten in unserem Land als Anachronismus erscheint, wird an den Beispielen Hegels doch deutlich, was mit dem »allgemeinen Selbst« gemeint ist.

R Zur »Vernunft« wiederholen wir zunächst: Sie ist »die höchste Vereinigung des Bewusstseins und des Selbstbewusstseins oder des Wissens von einem Gegenstande und des Wissens von sich« und fügen hinzu: »Sie ist die Gewissheit, dass ihre Bestimmungen ebensosehr gegenständlich, Bestimmungen des Wesens der Dinge als unsere eigenen Gedanken sind.«

W Aus der subjektiven Gewissheit wird in Hegels philosophischem System dann sogar die objektive Wahrheit, die als »Einheit der Gewissheit und des Seins oder der Gegenständlichkeit« bestimmt wird. Mitgeschrieben haben wir als virtuelle Schüler in Berlin: »Die Weltgeschichte ist die Darstellung dessen, was der Geist von seiner Freiheit weiß.«

R Nach meinem Urteil finden sich die klarsten Ausführungen zu der »ungeheuren Arbeit« des Weltgeistes in den §§ 340 bis 342 der »Grundlinien«. Dort ist die Rede davon, wie der »allgemeine Geist, der Geist der Welt, als unbeschränkt ebenso sich hervorbringt, als er es ist, der sein Recht – und sein Recht ist das allerhöchste – an

7. Höhenflüge des Weltgeists

ihnen (den beschränkten Volksgeistern) in der Weltgeschichte, als dem Weltgerichte, ausübt.«

W Zu den »Prinzipien der Volksgeister« heißt es im vorhergehenden Satz: Sie »sind um ihrer Besonderheit willen überhaupt beschränkte, und ihre Schicksale und Taten in ihrem Verhältnisse zueinander sind die erscheinende Dialektik der Endlichkeit dieser Geister.«

R Das »allerhöchste Recht« des Weltgeistes als Richter des Weltgerichts ist es nach § 341, »die geistige Wirklichkeit in ihrem ganzen Umfange von Innerlichkeit und Äußerlichkeit ... darzustellen«. Der Superlativ des »allerhöchsten« Rechts bestätigt unsere Metapher der »Höhenflüge« und den physikalischen Vergleich mit der dünner werdenden Höhenluft.

W Dargestellt wird vom Weltenrichter des Geistes nicht »die abstrakte und vernunftlose Notwendigkeit eines blinden Schicksals«, sondern, weil der Weltgeist »an und für sich Vernunft« ist, »die aus dem Begriffe nur seiner Freiheit notwendige Entwicklung der Momente der Vernunft und damit seines Selbstbewusstseins und seiner Freiheit« (§ 342).

R Mit diesem Resultat wird auch Hegels Staatsverständnis plausibel: »Der Staat ist die Wirklichkeit der konkreten Freiheit; die konkrete Freiheit aber besteht darin, dass die persönliche Einzelheit und deren besondere Interessen sowohl ihre vollständige Entwicklung und die Anerkennung ihres Rechts für sich (im Systeme der Familie und der bürgerlichen Gesellschaft) haben, als sie durch sich selbst in das Interesse des Allgemeinen teils übergehen, teils mit Wissen und Willen dasselbe und zwar als ihren eigenen substantiellen Geist anerkennen« (§ 260).

W Im mündlichen Vortrag in der Berliner Vorlesung, an der wir als virtuelle Schüler teilnahmen, klang das so: »Der Staat an und für sich ist das sittliche Ganze, die Verwirklichung der Freiheit, und es ist absoluter Zweck der Vernunft, dass die Freiheit wirklich sei ... Dies Wesen realisiert sich als selbständige Gewalt, in der die einzelnen Individuen nur Momente sind.«

R Wenn man mit der Sprache Hegels nicht vertraut ist, kann man den folgenden Satz nur missverstehen: »Es ist der Gang Gottes in der Welt, dass der Staat ist ...«. Gelehrige Schüler vermeiden das Missverständnis – es handele sich um den Gott des christlichen Glaubens – durch Verweisung auf den folgenden Satz: »Grund«

des Staates »ist die Gewalt der sich als Wille verwirklichenden Vernunft«.

W Über diese »Gewalt« belehrt der weitere Zusatz: »Die Idee des Staats in neuer Zeit hat die Eigentümlichkeit, dass der Staat die Verwirklichung der Freiheit nicht nach subjektivem Belieben, sondern nach dem Begriffe des Willens, d. h. nach seiner Allgemeinheit und Göttlichkeit ist.«

R Die »Göttlichkeit« des Willens ist bedeutungsgleich mit der Auszeichnung als »absoluter Geist« oder »Vernunft an und für sich«. In allen drei Bedeutungen ist der Staat durch die »ungeheure Arbeit« des Weltgeistes – der die einzelstaatlichen Verfassungen dialektisch »aufhebt« – als verwirklichte Idee der Freiheit zu begreifen.

W Zur Vergewisserung, wie der Weltgeist in statu nascendi bestimmt wurde, vergegenwärtigen wir uns den Gedankengang der Vorrede zur Phänomenologie: »Die innere Notwendigkeit, dass das Wissen Wissenschaft sei, liegt in seiner Natur, und die befriedigende Erklärung hierüber ist allein die Darstellung der Philosophie selbst.« Das widersprach zu Hegels Zeiten dem bisherigen Verständnis, nach dem das Absolute »nicht begriffen, sondern gefühlt und angeschaut« werden sollte.

R »Das Werden der Wissenschaft überhaupt oder des Wissens ist es, was diese Phänomenologie des Geistes darstellt. Das Wissen, wie es zuerst ist ... ist das sinnliche Bewusstsein. Um zum eigentlichen Wissen zu werden oder das Element der Wissenschaft, das ihr reiner Begriff selbst ist, zu erzeugen, hat es sich durch einen langen Weg hindurchzuarbeiten.« Es ist der Weg der Selbstbildung des Bewusstseins.

W »Die Wissenschaft stellt sowohl diese bildende Bewegung in ihrer Ausführlichkeit und Notwendigkeit als auch das, was schon zum Momente und Eigentum des Geistes herabgesunken ist, in seiner Gestaltung dar. Das Ziel ist die Einsicht des Geistes in das, was das Wissen ist.«

R Der Geist »gewinnt seine Wahrheit nur, indem er in der absoluten Zerrissenheit sich selbst findet.« Das verlangt, dass »er dem Negativen ins Angesicht schaut, bei ihm verweilt. Dieses Verweilen ist die Zauberkraft, die es in das Sein umkehrt«. Hier haben wir wieder ein Beispiel für den ambivalenten Charakter der Sprache Hegels: Ist die zitierte Passage noch philosophische Poesie oder schon philosophisch problematische Pseudopoesie?

7. Höhenflüge des Weltgeists

W Hegelanhänger werden für ersteres votieren, Hegelkritiker für letzteres. Mein Kriterium ist die Übersetzbarkeit in philosophische Prosa: Die »Zauberkraft« kann als Wirkung der dialektischen Aufhebung des Negativen interpretiert und insofern prosaisch formuliert werden. Leicht macht es Hegel seinen Anhängern aber nicht, die immer wieder verwendeten Sprachbilder angemessen zu übersetzen.

R Dazu ein zweites Beispiel: Durch die »dialektische Bewegung« werden »die reinen Gedanken Begriffe und sind erst, was sie in Wahrheit sind, Selbstbewegungen, Kreise, das, was ihre Substanz ist, geistige Wesenheiten«. »Diese Bewegung der reinen Wesenheiten macht die Natur der Wissenschaftlichkeit überhaupt aus.« Wir werden diese »reinen Wesenheiten« mit ihren begrifflichen »Selbstbewegungen« als spekulatives Denken kritisch kommentieren, verfolgen den Gedankengang aber zunächst noch weiter.

W Hegels Philosophie betrachtet »das Wirkliche, sich selbst Setzende und in sich Lebende, das Dasein in seinem Begriffe. Es ist der Prozess, der sich seine Momente erzeugt und durchläuft, und diese ganze Bewegung macht das Positive und seine Wahrheit aus«. »Worauf es deswegen bei dem Studium der Wissenschaft ankommt, ist, die Anstrengung des Begriffs auf sich zu nehmen.«

R Das ist die Stelle, auf die wir uns mit der »Anstrengung des Begriffs« im Vorwort bezogen haben. Gegen Ende der Vorrede ist von der »Arbeit des Begriffs« die Rede. Nur in ihr sind »wahre Gedanken und wissenschaftliche Einsicht« zu gewinnen.

W Noch nicht erwähnt haben wir die »List der Vernunft«. Dieser ebenfalls von Hegel geprägte Topos besagt, dass die Geschichte mitunter »die Interessen und Leidenschaften der Individuen für ihre Zwecke arbeiten« und »den Willen des Weltgeists erfüllen« lässt.

R Namentlich welthistorische Persönlichkeiten wie Alexander und Cäsar oder wie Napoleon, den Hegel in Jena als »Weltseele zu Pferde« feierte, wirken auf ihre Weise an der listigen Verwirklichung der Vernunft mit.

W Die »invisible hand« – im »Wealth of Nations« von Adam Smith die zentrale Argumentationsfigur für das Funktionieren von Angebot und Nachfrage in der Selbstregulierung des Marktes – war Hegel bekannt. Es gilt deshalb in der Hegelliteratur als eine wohlbegründete Annahme, dass die »unsichtbare Hand« von der

7. Höhenflüge des Weltgeists

Theorie der Nationalökonomie auf die »List der Vernunft« in der Philosophie der Geschichte übertragen wurde.

R So hoch die Wahrscheinlichkeit dieser Annahme ist, so problematisch ist sie in der Sache. Zwar hat die Selbstregulierung des Marktes auf den ersten Blick eine gewisse Ähnlichkeit mit der Selbsterkenntnis des Geistes; der Weltgeist ist aber kein Marktteilnehmer, der sich an den günstigsten Angeboten orientiert ...

W ... weil er nicht die Eigeninteressen eines subjektiven Geistes vertritt, sondern das Gesamtinteresse des allgemeinen Geistes als Repräsentant absoluten Wissens. Dieses Wissen des Weltgeists »hat es nur mit dem Glanze der Idee zu tun, die sich in der Weltgeschichte spiegelt« – so das Spiegel-Bild Hegels für die Idee der Freiheit.

R Klaus Vieweg, dessen Buch »Das Denken der Freiheit« wir schon im ersten Kapitel gewürdigt haben, findet für den Glanz der Idee zwei schöne Metaphern: Freiheit ist »die Sonne im geistigen Universum Hegels« und »das eine Metall, aus dem Hegels Denken geschmiedet ist«.

W Ob dieses »eine Metall« als Gold identifizierbar sein wird, hängt von der Auseinandersetzung mit den Kritikern Hegels ab, die im letzten Kapitel stattfindet. Vorher sollten wir aber re-konstruieren, welche Momente des Geistes in Hegels komplexer und entsprechend komplizierter Konstruktion des Weltgeists enthalten sind.

R Grundlage unserer Re-Konstruktion ist der Artikel »Geist« in dem von Paul Cobben herausgegebenen Hegel-Lexikon. Er betont die Besonderheiten der Hegel'schen Konstruktion und ist bestens geeignet, verbreitete Fehldeutungen zu vermeiden. Die erste Besonderheit lautet: »Geist ist nie eine schon bestehende Instanz, die da wäre, ohne selbst als Form oder Begriff vollzogen zu werden.«

W In diesem Vollzug ist »Geist« das »Prinzip der Bewegung und Aufhebung ... Ohne geistige Aktivität, die sich kundtut, ist kein Geist ... Als subjektiver Geist zeigt der Geist sich in seinem geistigen Entstehen selbst.« Hier ist das Fehlverständnis geradezu programmiert, »subjektiv« auf die Eigenschaft eines menschlichen Individuums zu beziehen. Das Subjekt des subjektiven Geistes ist aber nicht der Mensch, sondern der Geist selbst.

R In der reifen Fassung der »Philosophie des Geistes«, wie sie im »System der Philosophie« Dritter Teil vorliegt, schreibt Hegel dazu: »Auch der endliche oder subjektive Geist – nicht bloß der absolute

– muss als eine Verwirklichung der Idee erfasst werden ... Alles Tun des Geistes ist deshalb nur ein Erfassen seiner selbst.«

W Die »Einteilung« des von dir erwähnten Dritten Teils des »Systems« gibt die »Entwicklung des Geistes« so vor: »in der Form der Beziehung auf sich selbst« ist er »subjektiver Geist«; »in der Form der Realität als einer von ihm hervorzubringenden und hervorgebrachten Welt« ist er »objektiver Geist«; und »in an und für sich seiender und ewig sich hervorbringender Einheit der Objektivität des Geistes und seiner Idealität oder seines Begriffs« ist er »absoluter Geist«.

R Auf allen drei Stufen seiner dialektischen Entwicklung offenbart sich der Geist im Hegel'schen Sinne als freier Geist. Wir haben ja ausführlich dargelegt, wie sich die Idee der Freiheit im Begriff des Rechts verwirklicht und in der Institution des »politischen Staates«, der Republik oder des Freistaates, in Gestalt des »objektiven Geistes« wirksam wird.

W Die Institutionen des »absoluten Geistes« sind »Kunst«, »geoffenbarte Religion« und »Philosophie«. In der Kunst bringt der Volksgeist sein unmittelbares Ideal zum Ausdruck. In der Religion zeigt der Geist, dass nur er selbst sich offenbaren kann. In der Philosophie schließlich erscheint der Geist als Vernunftbegriff der Idee.

R Oder im Hegel'schen Original: Die Philosophie ist »der denkend erkannte Begriff der Kunst und der Religion, in welchem das in dem Inhalte Verschiedene als notwendig und dies Notwendige als frei erkannt ist«.

W Hier beginnt mein Zweifel an der Möglichkeit, Aussagen dieser Art als Schüler Hegels zu verstehen. Ich habe deshalb die Nürnberger Schriften nochmals durchgesehen und gebe repräsentative Passagen wieder, die Hegel zu Kunst und Religion diktiert hat: »Das Schöne an und für sich ist Gegenstand der Kunst, nicht die Nachahmung der Natur ... Die Künste unterscheiden sich nach Gattungen durch das Element, worin sie das Schöne darstellen«, und zwar in der »Malerei«, der »Bildhauerkunst«, der »Musik« und der »Poesie«.

R Was die Schüler verstanden haben dürften, ist der Hinweis: »Redekunst, Baukunst, Gartenkunst usf. sind nicht reine schöne Künste, weil ihnen noch ein anderer Zweck zugrunde liegt als die Darstellung des Schönen.«

7. Höhenflüge des Weltgeists

W Bei der Religion verstärkt sich mein Zweifel zur Skepsis: »Ihre Hauptbestimmung ist, das Individuum zu dem Gedanken Gottes zu erheben, seine Einigkeit mit ihm hervorzubringen und es derselben zu vergewissern.« Skeptisch frage ich mich, ob der Geist eines Gymnasiasten sich so »erheben« kann, dass ihm die »Einigkeit« mit dem »Gedanken Gottes« gelingt. Was den »Weltgeist« betrifft, ist er die Instanz, nach deren Urteil die Weltgeschichte als »Fortschritt im Bewusstsein der Freiheit« zu verstehen ist. Es ist an der Zeit, diesen bekannten und auch von uns schon mehrfach zitierten Topos so einzuführen, wie Hegel dies in seinen »Vorlesungen über die Philosophie der Geschichte« in Berlin unternommen hat. Wir zitieren die letzte Vorlesung aus dem Wintersemester 1830/1831.

R Ich beginne mit einer erhellenden Ansprache Hegels: »Diejenigen unter Ihnen, meine Herren, welche mit der Philosophie noch nicht bekannt sind«, sind nicht darauf vorbereitet, die Geschichte philosophisch zu betrachten, nämlich nach dem Gedanken, »dass es auch in der Weltgeschichte vernünftig zugegangen ... dass sie der vernünftige, notwendige Gang des Weltgeistes gewesen« sei.

W Hegels Vorlesungen über Geschichte waren keine Veranstaltungen eines Historikers, sondern solche eines Philosophen; und als Veranstaltungen eines Philosophen des Geistes waren sie Vorlesungen über die geschichtliche Entwicklung der Freiheit: »Wie die Substanz der Materie die Schwere ist, so müssen wir sagen, ist die Substanz, das Wesen des Geistes die Freiheit.« Erst im Verlauf der Geschichte ist der Geist zu der Erkenntnis gelangt, »dass der Mensch als Mensch frei (ist und) die Freiheit des Geistes seine eigene Natur ausmacht«.

R Diese Erkenntnis sei »zuerst in der Religion, in der innersten Region des Geistes« entstanden, sei aber auch »in das weltliche Wesen« eingedrungen. In diesem Sinne gelte: »Die Weltgeschichte ist der Fortschritt im Bewusstsein der Freiheit – ein Fortschritt, den wir in seiner Notwendigkeit zu erkennen haben.«

W Den Freiheitsfortschritt im »weltlichen Wesen« haben wir am Beispiel des Rechts und des Staates diskutiert. Damit habe ich kein prinzipielles Problem. Schon im Prinzip bestreite ich aber die prominente Stellung, die Hegel der Reformation für den Fortschritt im allgemeinen Bewusstsein der Freiheit einräumt.

R Ich trage zunächst drei Passagen dazu vor: »Erst mit Luther begann die Freiheit des Geistes, im Kerne: und hatte diese Form, sich

7. Höhenflüge des Weltgeists

im Kerne zu halten.« »Seinen wahren Gehalt erhielt das Denken erst durch die Reformation, durch das wiederauflebende konkrete Bewusstsein des freien Geistes.« »Das ist der wesentliche Inhalt der Reformation, der Mensch ist durch sich selbst bestimmt, frei zu sein.«

W Schon der Titel des einschlägigen Werkes »Von der Freiheit eines Christenmenschen« aus dem Jahre 1520 spricht gegen Hegels Lutherverständnis: Nicht »der Mensch« ist Subjekt der dort behandelten Freiheit, sondern »der Christenmensch«. Und dessen Freiheit ist gerade nicht »durch sich selbst bestimmt«, sondern ganz und gar durch das göttliche Gnadengeschenk des Glaubens: »sola fide« und »sola gratia«. Allein durch den Glauben und allein durch die Gnade Gottes wird der sündige Mensch frei – aber nicht frei im philosophischen, sondern im theologischen Sinne: frei von Sünde.

R Man möchte nicht wahrhaben, dass ein Denker vom Range Hegels den Luther'schen Freiheitsbegriff so verfehlen kann. Ich habe nur eine Stelle gefunden, in der das »Prinzip der eigenen Geistigkeit« mit der »Beziehung auf Gott und zu Gott« verbunden wird. Gleichwohl wird das »Prinzip der Reformation« auf die »Bestimmung« festgelegt, »dass der Geist wesentlich in sich selbst frei, bei sich selbst sei«.

W Mir ist völlig unverständlich, dass Hegel den Streit Luthers mit Erasmus von Rotterdam über die Frage des freien Willens ignoriert. In seiner Schrift »De servo arbitrio« (Vom geknechteten Willen) bestreitet Luther 1525 vehement die von Erasmus in »De libero arbitrio« (Vom freien Willen) wohlbegründete Willensfreiheit. Ich zitiere wörtlich: »Der Mensch hat die Freiheit verloren, er ist gezwungen, der Sünde zu dienen, und er kann nicht irgendetwas Gutes wollen.« Eben deshalb ist er auf die Gnade Gottes angewiesen, die ihm den Glauben an den Kreuzestod Christi und an die Erlösung von der Erbsünde schenkt.

R Die »Freiheit eines Christenmenschen« ist nicht die »Freiheit des Menschen«, sondern ausschließlich die eines gläubigen Christen, vor Gott gerechtfertigt und damit von der Adamsünde befreit und »heil« zu sein. Diese »heilige« Freiheit zum Maß des weltlichen Fortschritts im Bewusstsein der Freiheit gemacht zu haben, ist ein Fehlgriff, der dem studierten Theologen und Philosophen Hegel nicht hätte unterlaufen dürfen – zumal er zur Liebe im Rahmen der

7. Höhenflüge des Weltgeists

Religion theologisch und philosophisch prominent Stellung bezogen hat.

W Zur »Liebe« als dem »Wesen der wahrhaften Religion« hat er seinen Schülern diktiert: »Die religiöse Liebe ist die unendliche Macht über alles Endliche des Geistes, über Schlechtes, Böses, Verbrechen ... Die göttliche Liebe vergibt die Sünde ... Das substantielle Verhältnis des Menschen zu Gott ist die Vergebung der Sünden.«

R Konsequent wäre es gewesen, wenn Hegel die Liebe als Kriterium der Religion auch bei Luther thematisiert hätte. Denn in der deftigen Sprache des Reformators ist »mutter lieb« viel stärker als »der treck und der grind am Kind«. Durch den Begriff der »Gotteskindschaft« – den Luther an die Stelle der Gottebenbildlichkeit setzt – hat er die Vergebung der Sünden theologisch gewährleistet. »Der Mensch« und seine Freiheit außerhalb der Religion spielt dabei keine Rolle.

W So kritisch gestimmt sollten wir uns die »Philosophie des Geistes« noch einmal ansehen. Inzwischen möchte ich nämlich nicht mehr ausschließen, dass wir auch dort ähnlich unerklärliche Positionen finden.

R Beginnen wir mit dem Verhältnis des »lebendigen« Geistes zum »begriffenen« Geist: »Die Philosophie muss ... den Geist als eine notwendige Entwicklung der ewigen Idee begreifen, und dasjenige, was die besonderen Teile der Wissenschaft vom Geiste ausmacht, rein aus dem Begriffe desselben sich entfalten lassen.« Zur Erinnerung: Der Begriff ist die Wirklichkeit der Idee. Und nun die Folgerung für die Entfaltung des Geistes: »Wie bei dem Lebendigen überhaupt, auf ideelle Weise, alles schon im Keime enthalten ist und von diesem selbst, nicht von einer fremden Macht hervorgebracht wird; so müssen auch alle besonderen Formen des lebendigen Geistes aus seinem Begriffe als ihrem Keime sich hervortreiben.«

W So deutlich hat Hegel dieses Verhältnis an anderen Stellen nicht bestimmt: Die »Idee« ist der »Keim« der Entwicklung des Geistes. Das ist teleologisch und nicht evolutionär gedacht: »Der Keim der Pflanze ... schließt seine Entfaltung mit einer ihm gleichen Wirklichkeit, mit Hervorbringung des Samens. Dasselbe gilt vom Geiste; auch seine Entwicklung hat ihr Ziel erreicht, wenn der Begriff desselben sich vollkommen verwirklicht hat ...«

R Ohne verstanden zu haben, wie sich die Idee im Begriff »verwirklicht«, müssen Sätze wie dieser ein Rätsel bleiben. In seiner

7. Höhenflüge des Weltgeists

Verwirklichung kommt der Begriff »zu sich selber«. Und »am Geiste« erscheint dies »in einer noch vollendeteren Gestalt als am bloß Lebendigen; denn während bei diesem der hervorgebrachte Samen nicht derselbe ist mit dem, von dem er hervorgebracht worden, ist in dem sich selbst erkennenden Geiste das Hervorgebrachte eins und dasselbe mit dem Hervorbringenden.« Mich irritiert die Übertragung der Keimhaftigkeit pflanzlichen Lebens auf die Entwicklung des Geistes.

W Leider geht es so problematisch weiter: »Der Geist hat für uns die Natur zu seiner Voraussetzung, deren Wahrheit und damit deren absolut Erstes er ist. In dieser Wahrheit ist die Natur verschwunden, und der Geist hat sich als die zu ihrem Fürsichsein gelangte Idee ergeben, deren Objekt ebensowohl als das Subjekt der Begriff ist.« Kann der Geist das »absolut Erste« der Natur sein – wenn es nicht der schöpferische Geist Gottes ist?

R Deine Frage ist nur allzu berechtigt: »Der Geist begnügt sich aber nicht damit, als endlicher Geist ... die Dinge in den Raum seiner Innerlichkeit zu versetzen und ihnen somit auf eine selbst noch äußerliche Weise ihre Äußerlichkeit zu nehmen, sondern als religiöses Bewusstsein dringt er durch die scheinbar absolute Selbständigkeit der Dinge bis zu deren in ihrem Inneren wirksamen, alles zusammenhaltenden, Einen, unendlichen Macht Gottes hindurch und vollendet, als philosophisches Denken, jene Idealisierung der Dinge dadurch, dass er die bestimmte Weise erkennt, wie die ihr gemeinsames Prinzip bildende ewige Idee sich in ihnen darstellt.«

W Mir fehlen fast die Worte! Während wir den »Gang Gottes in der Welt, dass der Staat sei«, noch wohlwollend als übertragenen theologischen Sprachgebrauch interpretiert haben – der nur »sozusagen« einen »Gang Gottes« erlaubt –, müssen wir die »Macht Gottes« hier direkt beim Wort nehmen. Dann ist die Philosophie des Geistes aber in Wahrheit eine Theologie des Geistes.

R »Das Christentum sagt: Gott habe sich durch Christus, seinen eingeborenen Sohn, offenbart ... sodass der Sohn nicht das bloße Organ der Offenbarung, sondern selbst der Inhalt der Offenbarung ist ... Nun haben wir gesehen, dass der Geist als solcher nur ist, insofern er sich selber offenbart. Die Wirklichkeit, die eben in seiner Offenbarung besteht, gehört daher zu seinem Begriffe. Im endlichen Geist kommt allerdings der Begriff des Geistes noch nicht zu seiner absoluten Verwirklichung; der absolute Geist aber ist die absolute

7. Höhenflüge des Weltgeists

Einheit der Wirklichkeit und des Begriffs oder der Möglichkeit des Geistes.«

W Hier wird mir schwindelig – wohl ganz im Sinne unseres Vergleichs mit der dünner werdenden Luft in der Flughöhe des absoluten Geistes. »Das Offenbaren, welches als das Offenbaren der abstrakten Idee unmittelbarer Übergang, Werden der Natur ist, ist als Offenbaren des Geistes, der frei ist, Setzen der Natur als seiner Welt; ein Setzen, das als Reflexion zugleich Voraussetzen der Welt als selbständiger Natur ist. Das Offenbaren im Begriffe ist Erschaffen derselben als seines Seins, in welchem er die Affirmation und Wahrheit seiner Freiheit sich gibt.«

R Wer würde bei diesem Höhenflug nicht vom Schwindel erfasst? Fast könnte man geneigt sein, den Doppelsinn von »Schwindel« zu betonen: »Das Absolute ist der Geist, dies ist die höchste Definition des Absoluten. – Diese Definition zu finden und ihren Sinn und Inhalt zu begreifen, dies, kann man sagen, war die absolute Tendenz aller Bildung und Philosophie, auf diesen Punkt hat sich alle Religion und Wissenschaft gedrängt; aus diesem Drang allein ist die Weltgeschichte zu begreifen. – Das Wort und die Vorstellung des Geistes ist früh gefunden, und der Inhalt der christlichen Religion ist, Gott als Geist zu erkennen zu geben. Dies, was hier der Vorstellung gegeben und was an sich das Wesen ist, in seinem eigenen Elemente, dem Begriffe, zu fassen, ist die Aufgabe der Philosophie, welche so lange nicht wahrhaft und immanent gelöst ist, als der Begriff und die Freiheit nicht ihr Gegenstand und ihre Seele ist.«

R Es waren solche Stellen, die Schopenhauers harsche Kritik an Hegel ausgelöst und ihn veranlasst haben, so derb vom »läppischen Aberwitz« einer Dialektik zu sprechen, in der ein »unwissender Scharlatan« nichts als »Unsinn zusammenschmierte«.

W Ich bin mir inzwischen nicht einmal mehr sicher, ob der höchste Begriff des Hegel'schen Systems gegen den Eindruck einer »läppischen« Konzeption gefeit ist: »Die Substanz des Geistes ist die Freiheit, d. h. das Nichtabhängigsein von einem anderen, das Sichaufsichselbstbeziehen. Der Geist ist der für-sich-seiende, sich selbst zum Gegenstand habende verwirklichte Begriff.«

R Das Kriterium des »Nichtabhängigseins von einem anderen« ist für den hochfliegenden Begriff des Weltgeists zwar nicht läppisch, aber doch überraschend einfach. Vielleicht könnte man es banal nennen.

7. Höhenflüge des Weltgeists

W Hannah Arendts »Banalität des Bösen« hätte dann eine philosophische Parallele in der »Banalität der Freiheit«. Können wir diese Parallele verantworten und schneiden die beiden Denklinien sich dann letztlich im Unendlichen – im Geist Gottes?

R Mein Vorschlag lautet: Wir lassen Hegel noch einmal vortragen, was er seinen »Herren« zur »Entwicklung des Geistes« im Hörsaal geboten hat, und entscheiden dann, wo die Grenzen wohlwollender Interpretation liegen. Der Geist als »subjektiver Geist« erscheint zunächst »in der Form der Beziehung auf sich selbst«. In dieser Beziehung ist er »die ideelle Totalität der Idee«, das heißt, »dass das, was sein Begriff ist, für ihn wird und ihm sein Sein dies ist, bei sich, d. i. frei zu sein.«

W Entschuldige, das ist eine Sprache, die nur im ersten Satz klar ist, im zweiten aber jeder Klarheit entbehrt. Ich versuche, nachzubessern: Der subjektive Geist bezieht sich auf sich selbst, begreift sich dabei als Subjekt der Freiheit und verwirklicht deren Idee in seinem Sein als an sich freier Geist.

R Den »objektiven Geist« hat Hegel selbst klar bestimmt – wie bereits zitiert: als »Realität einer von ihm hervorzubringenden und hervorgebrachten Welt ... in welcher die Freiheit als vorhandene Notwendigkeit ist«.

W Unklar wird es wieder beim »absoluten Geist«: »In an und für sich seiender und ewig sich hervorbringender Einheit der Objektivität des Geistes und seiner Idealität oder seines Begriffs« ist »der Geist in seiner absoluten Wahrheit«.

R Klärungsversuch: »Der Geist ist immer Idee; zunächst aber ist er nur der Begriff der Idee oder die Idee in ihrer Unbestimmtheit, in der abstraktesten Weise der Realität, das heißt, in der Weise des Seins.«

W »Der Begriff des Geistes hat seine Realität im Geiste. Dass diese in der Identität mit jenem als das Wissen der absoluten Idee sei, hierin ist die notwendige Seite, dass die an sich freie Intelligenz in ihrer Wirklichkeit zu ihrem Begriffe befreit sei, um die dessen würdige Gestalt zu sein. Der subjektive und der objektive Geist sind als der Weg anzusehen, auf welchem sich diese Seite der Realität oder der Existenz ausbildet.«

R Wenn wir ehrlich sind, versteht solche Sätze nur, wer die Schule Hegels absolviert hat. Das gilt auch für die nächsten: »Der absolute Geist ist ebenso ewig in sich seiende als in sich zurückkehrende

7. Höhenflüge des Weltgeists

und zurückgekehrte Identität, die eine und allgemeine Substanz als geistige, das Urteil in sich und in ein Wissen, für welches sie als solche ist. Die Religion, wie diese höchste Sphäre im allgemeinen bezeichnet werden kann, ist ebensosehr als vom Subjekte ausgehend und in demselben sich befindend als objektiv von dem absoluten Geiste ausgehend zu betrachten, der als Geist in seiner Gemeinde ist.«

W In diesem Zusammenhang räumt Hegel ausdrücklich ein, »dass hier nicht und dass überhaupt Glaube dem Wissen nicht entgegengesetzt, sondern Glauben vielmehr ein Wissen ist und jenes nur eine besondere Form von diesem«. Und weiter: »Dass heutigentags so wenig von Gott gewusst und bei seinem objektiven Wesen sich aufgehalten, desto mehr aber von Religion, d. i. dem Inwohnen desselben in der subjektiven Seite, gesprochen und sie, nicht die Wahrheit als solche gefordert wird, enthält wenigstens diese richtige Bestimmung, dass Gott als Geist in seiner Gemeinde aufgefasst werden muss.«

R Unser Verdacht, dass hier eine Theologie Gottes in der Terminologie der Philosophie betrieben wird, bestätigt sich durch den Zusatz zu § 45 des »Systems«: Der von Hegel so benannte »absolute Idealismus« bildet »die Grundlage alles religiösen Bewusstseins«, »insofern nämlich auch dieses den Inbegriff alles dessen, was da ist, überhaupt die vorhandene Welt, als von Gott erschaffen und regiert betrachtet«.

W Das ist von einer geradezu bekenntnishaften Offenheit. Ansätze hierfür finden sich aber schon in den Nürnberger Schriften. So heißt es in § 1 der Religionslehre für die Mittel- und Oberklasse 1811/1812, wie bereits zitiert: »Gott ist das Sein in allem Sein, das einfache Erste und Unmittelbare.« Eine Offenbarung im theologischen Sinne ist die Übereinstimmung mit den ersten Paragraphen der »Wissenschaft der Logik«.

R Man kann kaum glauben, dass Logik und Religion in ihrem ursprünglichen Sein völlig identisch bestimmt werden. »Im Anfang war die Logik«, heißt bei Hegel: »Im Anfang war Gott«. Nicht weniger bekennend sind die §§ 377 und 382 des »Systems«: Der »absolute Geist« erkennt »in allem, was im Himmel und auf Erden ist, sich selbst«. In christlicher Tradition heißt das: Die »Menschwerdung Gottes« in Christus – die für Hegel den wahren Gottesbeweis

7. Höhenflüge des Weltgeists

darstellt – hat die Voraussetzung dafür geschaffen, dass der Geist sich im absoluten Geist als göttlich erkennt.

W Du konntest dies so pointiert formulieren, weil Hegel in § 573 selbst sagt, seine Philosophie sei »spekulativ und damit religiös«.

R Das »Spekulative« der Hegel'schen Philosophie besteht darin, den Geist im Spiegel der christlichen Religion als göttlich zu interpretieren. Weil Hegel den christlichen Gott als Geist begreift, kann er ihn als Einheit des Begriffs und der Realität und damit als »Einheit der göttlichen und menschlichen Natur« darstellen – so sagt es das Hegel-Lexikon sub verbo »Gott«.

W Wie lautet unser abschließendes Urteil über die Höhenflüge des Weltgeists?

R Für mich ist die Identität des absoluten Geistes mit dem Geist Gottes ein Übergriff der Theologie in die Philosophie. Nach Hegels Begriff der Philosophie – »ihre Zeit in Gedanken erfasst« – mag dies Anfang des 19. Jahrhunderts noch als tragbar gegolten haben, in unserer Zeit erscheint es aber unerträglich.

W Seit Nietzsches nihilistischer Parole »Gott ist tot« – die der »Tolle Mensch« auf dem Marktplatz verkündet, um dort am Ende die Kirchen zu »Grüften und Grabmälern Gottes« zu erklären – hat der Weltgeist seine philosophische Ruhestätte in diesen Grüften gefunden.

R Neben dem Weltgeist ruhen dort die großen Geister der gesamten Metaphysik, vor allem die »frommen Hinterweltler« der christlichen Morallehre, gegen deren Werte Nietzsches Nihilismus gerichtet ist.

8. Hegel im (Zerr-)Spiegel seiner Kritiker

R Das vorletzte Kapitel ist Hegels Kritikern gewidmet. Im Zentrum unseres Dialogs stehen zwei prominente Philosophen, die das Hegel'sche System aus Prinzip ablehnten: Ludwig Feuerbach und Karl Popper.
W Nur einer der beiden hat uns mit seiner prinzipiellen Kritik überzeugt. Der andere zeigt Hegel nicht im Spiegel, sondern im Zerrspiegel seiner Philosophie – und gesteht dies selbst zu, wenn er schreibt, er habe »nicht so sehr die Absicht«, Hegels »ungeheuren Einfluss« zu »erklären« als ihn »zu bekämpfen«. So liest man es in Poppers »Die offene Gesellschaft und ihre Feinde« im Kapitel »Hegel und der neue Mythos von der Horde«.
R Nicht überzeugt haben uns auch Rudolf Haym und Karl Marx. Der Erstgenannte hat in seinem Buch »Hegel und seine Zeit« im Jahre 1857 die These vertreten, die »Grundlinien der Philosophie des Rechts« hätten den zeitgenössischen Staat glorifiziert, weshalb Hegel als »preußischer Staatsphilosoph« gelten müsse. Warum hängen wir ihm dieses Etikett nicht an?
W Weil der Begriff des »politischen Staates« – wie eingehend erläutert – die Idee der Freiheit verwirklicht, die offen ist für den »Fortschritt im Bewusstsein der Freiheit«. Gegenüber dem Freiheitsbewusstsein, das im Preußischen Allgemeinen Landrecht von 1794 zum Ausdruck kam, manifestierte sich im Grundgesetz 1949 ein bewusster Freiheitsfortschritt, den Hegel selbstverständlich anerkannt hätte.
R Warum uns Marx mit seiner Umkehrung des Verhältnisses von »Sein« und »Bewusstsein« nicht überzeugt hat, werden wir besser erklären können, wenn wir uns mit der Hegelkritik Feuerbachs auseinandergesetzt haben. Der Kritiker gehörte übrigens zwischen 1824 und 1826 zu den studentischen Hörern Hegels in Berlin.
W Bevor wir Feuerbachs »Grundsätze der Philosophie der Zukunft«, nach der Ausgabe von 1846, als fundierte Hegelkritik diskutieren, lassen wir einen Schüler zu Wort kommen, der Hegel als

8. Hegel im (Zerr-)Spiegel seiner Kritiker

Lehrer im Nürnberger Egidien-Gymnasium erlebt hat. Seine kritische Äußerung haben wir schon im ersten Kapitel erwähnt: Johannes Meindl war mit Hegels Gottesbegriff nicht einverstanden. Beim abendlichen Gespräch mit seinem Vater wurde er deutlicher als im Schulunterricht.

»Kannst du als evangelischer Geistlicher deinen Geist als göttlich begreifen und das Dasein Gottes mit der Wirklichkeit dieses Begriffs begründen?« »Was du mir dazu an Diktaten vorgelegt hast, ist theologisch unhaltbar. Lutheraner können nicht von sich aus derart mit Gott in Beziehung treten, dass er »dem Menschen nicht ein Fremdes ist, sondern in ihm sich die Anschauung seiner selbst ergibt«. Wir haben oft darüber gesprochen, was »sola fide« und »sola gratia« für das Verhältnis zu Gott bedeuten. Ohne das Gnadengeschenk des Glaubens kann es kein solches Verhältnis geben.«

»Die ständig wiederholte Rede von der vernünftigen Selbstbewegung des Begriffs ist allen in meiner Klasse auf die Nerven gegangen. Keiner von uns acht konnte zur eigenen Zufriedenheit erklären, was genau dabei geschehen soll, wenn die Idee in einem Begriff wirklich wird. Hegels Vernunftlehre vom ›konkreten Begriff‹ in Abgrenzung zur Verstandeslehre des ›abstrakten Begriffs‹ erschien uns für die Urteile des subjektiven Geistes plausibel, blieb uns für die Selbstbewegung des absoluten Geistes aber ein Rätsel.«

R Ludwig Feuerbach löst das Rätsel schon in der Inhaltsangabe seiner »Grundsätze«, nämlich in der Überschrift zu den §§ 29–30: »Hegels Lehre vom konkreten Begriff ist theologisch«. Er begründet dies in den vorhergehenden §§ 21–28 in konsequenten kleinen Schritten, die großer Philosophie nicht widersprechen.

W Das klingt schon fast nach der dialektischen Aufhebung des betreffenden Widerspruchs. Dann sollten wir jene kleinen Schritte großer Philosophie konzentriert nachvollziehen. »Resultat« der Religionsphilosophie Hegels ist nach Feuerbach, »dass die Philosophie die Dogmen der Theologie nicht aufhebe, sondern nur aus der Negation des Rationalismus wieder herstelle, sie nur vermittele.«

R »Anfang und Ende bildet die Theologie, in der Mitte steht die Philosophie, als die Negation der ersten Position, aber die Negation der Negation ist die Theologie ... Das Geheimnis der ›absoluten‹ Philosophie ist daher das Geheimnis der Theologie ... Die Identität von Denken und Sein ist daher nur der Ausdruck von der Gottheit der Vernunft.«

8. Hegel im (Zerr-)Spiegel seiner Kritiker

W Dies wird in § 28 so präzisiert: »Die Hegel'sche Philosophie ist nicht über den Widerspruch von Denken und Sein hinausgekommen. Das Sein, mit welchem die Phänomenologie beginnt, steht nicht minder als das Sein, mit welchem die Logik anhebt, im direktesten Widerspruch mit dem wirklichen Sein.« Auf die irritierende Parallele zwischen dem Beginn der Logik und der Religionslehre mit dem erst logischen und dann theologischen Sein wurde durch einen aufmerksamen Schüler schon im ersten Kapitel hingewiesen.

R Es war der Patriziersohn von Grundherr – dessen Vater den Heiratsantrag Hegels übermittelt hatte. Feuerbach kommentiert die Parallele zwischen dem anfänglichen »Sein« der Logik und dem Anfang der Religionslehre so: »Wir haben ... nichts weiter vor uns als den Widerspruch zwischen dem Wort, welches allgemein, und der Sache, welche immer eine einzelne ist ... So wenig aber das Wort die Sache ist, so wenig ist das gesagte oder gedachte Sein das wirkliche Sein ... Wo die Worte aufhören, da fängt erst das Leben an, erschließt sich erst das Geheimnis des Seins.«

W Die philosophische Pointe lautet: »Der ›konkrete Begriff‹ ist der in den Begriff verwandelte Gott.« Die »neue Philosophie«, die in den §§ 32–65 entwickelt wird, erfasst das »Konkrete nicht in abstracto, sondern in concreto«. Dagegen ist der konkrete Begriff bei Hegel »die in einen logischen Prozess verwandelte Geschichte der Theologie«. Das Wirkliche ist nicht das Gedachte oder Gesagte, sondern das Sinnliche: »Nur durch die Sinne wird ein Gegenstand im wahren Sinn gegeben – nicht durch das Denken für sich selbst.«

R Dass Feuerbach ein Lehrer gewesen wäre, den seine Schüler verstanden hätten, beweist eine Passage aus § 28, in der er zwischen »Diesem« im »abstrakten Denken« und »Diesem« unterscheidet, »wie es Objekt der Wirklichkeit ist«. »Dieses Weib z. B. ist mein Weib, dieses Haus mein Haus, obgleich Jeder von seinem Hause und seinem Weibe, wie ich, sagt: dieses Haus, dieses Weib«, kann die Identität des logischen und wirklichen »Diesen« hier nicht aufrechterhalten werden – sonst »kämen wir direkt auf die Güter- und Weibergemeinschaft, wo kein Unterschied ist zwischen jener und dieser ...«.

W Das hätte mich als Schüler unmittelbar angesprochen, weil mir sofort klar gewesen wäre, wo die Identität ihren Ursprung hat: in der Identität Gottes mit sich selbst: dem einzigen Wesen, das nicht in »dieses« und »jenes« ausdifferenziert werden kann und

8. Hegel im (Zerr-)Spiegel seiner Kritiker

als Geist – um das Diktat aus der Religionslehre in Erinnerung zu rufen – »nicht als das unbewegte Wesen zu betrachten ist, sondern als absolute Aktuosität, zuerst als lebendiger Gott, der in der Natur seine Gestalt darstellt und offenbart«.

R »Aktuosität« ist Hegels Wort für die Schöpferkraft eines Geistes, der als göttlicher Geist alles in Bewegung bringt, wofür in Hegels System ein »konkreter Begriff« vorgesehen ist. Um nur die bereits bekannten Begriffe im triadischen Schema ihrer Selbstbewegung zu nennen: Sein, Wesen und Begriff; Logik, Natur und Geist; Wahrnehmung, Bewusstsein und Selbstbewusstsein; Sinnlichkeit, Verstand und Vernunft; Recht, Moralität und Sittlichkeit; Familie, Gesellschaft und Staat; Kunst, Religion und Philosophie; subjektiver, objektiver und absoluter Geist.

W Die Aufzählung gefällt mir, weil sie mit dem Sein anfängt und mit dem absoluten Geist endet. Für den Anfang gilt: Das Sein und das Nichts sind identisch. Daraus folgt nach Hegels Logik das Werden – weil das Sein in seinem Nichts-Sein dialektisch aufzuheben ist, um als Da-Sein bejaht werden zu können. Das Werden des Seins aus dem Nichts ist für Hegel ein Akt der Schöpfung, auf den »konkreten« Begriff des »absoluten Geistes« gebracht als »Aktuosität« des in seiner Absolutheit göttlichen Geistes. Wie lautete doch Feuerbachs Überschrift?

R »Hegels Lehre vom konkreten Begriff ist theologisch«.

W Dann sollten wir jetzt kurz auf Karl Marx und die »linke«, marxistisch-leninistische Kritik am »rechten« Hegel eingehen. Ein Satz, auf den Marxisten sich gern beziehen, lautet: »Es ist nicht das Bewusstsein der Menschen, das ihr Sein, sondern umgekehrt ihr gesellschaftliches Sein, das ihr Bewusstsein bestimmt.«

R Hegel müsse daher »vom Kopf auf die Füße« gestellt werden – was weder mit dem philosophisch verstandenen noch mit dem als theologisch identifizierten Geist des Hegel'schen Systems kompatibel ist. Wenn ich im Rahmen des bildhaften Vergleichs bleiben darf: Ein auf die »Füße« gestellter Hegel könnte sich ohne Bewegungsimpulse des »Kopfes« philosophisch keinen Schritt vorwärtsbewegen.

W Unmetaphorisch formuliert bedeutet dies: Das geistige Sein in ein materielles Sein zu verwandeln, hieße, das gesamte System der Hegel'schen Dialektik zum Stillstand zu bringen. Wir gehen daher nicht weiter auf den »dialektischen Materialismus« ein und wenden uns der radikalen Hegelkritik Karl Poppers zu.

8. Hegel im (Zerr-)Spiegel seiner Kritiker

R Das bereits erwähnte Kapitel über Hegel in Band 2 der »offenen Gesellschaft« beginnt mit einer Art Fanfare, die zum Kampf aufruft: »Hegel, die Quelle des Historizismus unserer Zeit ... konnte Wunder wirken. Für einen logischen Hexenmeister wie ihn war es ein Kinderspiel, mit Hilfe seiner zauberkräftigen Dialektik wirkliche, physische Kaninchen aus rein metaphysischen Zylinderhüten herauszuholen.«

W Das ist ein literarischer Stil, der durchaus Gefallen findet. Wie viel philosophische Substanz damit transportiert wird, bleibt abzuwarten. Die erste Stelle, die diesbezüglich gewisse Zweifel aufkommen lässt, lautet: »Wie die Dinge lagen, wurde er der erste offizielle Philosoph des Preußentums.« Wir haben bereits begründet, warum dieses Etikett zurückzuweisen ist.

R Auch die schematische Darstellung der Dialektik wird Hegel nicht gerecht. Erstens ist die Triade Hegels nicht diejenige von »These, Antithese und Synthese« und zweitens stellt sie keinen »Dreischritt« dar, der nur Schritte nacheinander erlaubt, aber keine Einheit in den drei Momenten eines Ganzen herstellt.

W Musiktheoretisch gesprochen, erzeugt Hegels Dialektik einen Dreiklang, in dem die drei Töne den Gesamtakkord ergeben – wenn man sie zusammen hört und nicht als einzelne Töne.

R Völlig unverstanden würde Hegel sich fühlen, wenn er Folgendes zu lesen bekäme: Zur Behauptung, »dass alles Vernünftige wirklich und alles Wirkliche vernünftig sein müsse«, gehöre die Annahme, »der aktual existierende preußische Staat« sei in dieser Weise »besonders gut«. Diese Annahme Poppers, die Hegel zum preußischen Staatsphilosophen degradiert, wird durch Wiederholung nicht richtig.

W Genauer betrachtet, sollten wir die Behauptung zurückweisen, »Hegels hysterischer Historizismus« sei »der Dünger« gewesen, »dem die modernen totalitären Lehren ihr rapides Wachstum verdanken«. Mit »Historizismus« meint Popper Hegels Lehre, dass die geschichtliche Entwicklung in Richtung auf einen »sich realisierenden und realisierten Zweck an ihm selbst« verlaufe und das betreffende Entwicklungsgesetz »ein Gesetz des Fortschritts« sei.

R Wir haben den »Fortschritt im Bewusstsein der Freiheit« mehrfach angesprochen und immer den Freiheitsaspekt betont. Dieser Aspekt schließt es aus, einen »Endzweck« der Geschichte festzulegen, weil eine solche Festlegung das Ende der Freiheit bedeutete.

8. Hegel im (Zerr-)Spiegel seiner Kritiker

Freiheit erlaubt keine Inhaltsbestimmung. Deshalb geht Poppers Kritik an Hegels »Historizismus« buchstäblich ins Leere.

W Das hat unmittelbare Folgen für den Totalitarismus-Vorwurf. Hegel einen Kollektivismus von der Art »Du bist nichts, dein Volk ist alles« zu unterstellen, unterschlägt die Bedeutung der subjektiven Freiheit: »Das Prinzip der modernen Staaten hat diese ungeheure Stärke und Tiefe, das Prinzip der Subjektivität sich zum selbständigen Extreme der persönlichen Besonderheit vollenden zu lassen.«

R Über diese Unterschlagung hinaus behauptet Popper allen Ernstes, »Hegel plus Haeckel« sei »die Formel der modernen Rassenlehre« und diese Formel habe die »Verwandlung des Geistes in das Blut« bewirkt. So kann ein vermeintlicher Philosoph zum blutigen Laien werden. Laienhaft wirkt auch die forsch formulierte Frage zur Monarchie: »Wie kann jemand so dumm sein, eine ›Verfassung‹ für ein Land zu verlangen, das mit einer absoluten Monarchie, der auf jeden Fall höchsten Stufe aller Verfassungen, gesegnet ist?«

W Wenn er dazu geschwiegen hätte, wäre Popper Philosoph geblieben. Die zitierte Frage macht ihn nun aber endgültig zum Hauptdarsteller einer Laienspielschar. Denn Hegels Position zur Rolle des Monarchen im Verfassungsstaat ist klar und eindeutig: »Es ist bei einer vollendeten Organisation nur um die Spitze formellen Entscheidens zu tun, und man braucht zu einem Monarchen nur einen Menschen, der ›Ja‹ sagt und den Punkt auf das I setzt; denn die Spitze soll so sein, dass die Besonderheit des Charakters nicht das Bedeutende ist.«

R Als Mitglied einer »Laienspielschar« erweist Popper sich auch mit seiner Kritik am »Nationalismus« Hegels. Im »politischen Staat« der Hegel'schen Republik gilt der Mensch als Subjekt, »weil er Mensch ist, nicht weil er Jude, Katholik, Protestant, Deutscher, Italiener usf. ist«.

W Am Ende des Kapitels beklagt Popper, »die Identität des Hegel'schen Historizismus mit der Philosophie der modernen totalitären Lehren« werde »selten klar genug gesehen«. Es sei aber »dringend«, »Schopenhauers Kampf gegen dieses schale und flache Gewäsch fortzusetzen … Die Hegelsche Farce hat genug Unheil angerichtet. Wir müssen ihr Einhalt gebieten.«

R Als Staatsrechtslehrer kann und will ich nicht verschweigen, dass es nach 1933 in Deutschland Professoren gegeben hat, die ihre Rechtslehre in den Dienst des Nationalsozialismus gestellt haben.

8. Hegel im (Zerr-)Spiegel seiner Kritiker

Zwei von ihnen haben sich auf Hegel berufen: Ernst-Rudolf Huber und Karl Larenz. In Hubers »Verfassungsrecht des Großdeutschen Reiches« wird vom »Führer« gesagt, dass er auch dann, wenn das Volk sich in Abstimmungen gegen ihn wende, die »objektive Sendung des Volkes« verkörpere. Dabei an die »Vollstreckung des Weltgeists« zu denken, ist ein Denkfehler Hubers.

W Larenz schreibt in einem von ihm herausgegebenen Sammelband »Grundfragen der neuen Rechtswissenschaft«: »Rechtsgenosse ist nur, wer Volksgenosse ist; Volksgenosse ist, wer deutschen Blutes ist« und schlägt vor, diesen Satz »an die Spitze unserer Rechtsordnung« zu stellen – statt des § 1 BGB, der von der Rechtsfähigkeit »des Menschen« ausging. Wir haben mit einem Originalzitat belegt, dass man sich für den völkischen Wahn »deutschen Blutes« nicht auf Hegel berufen kann.

R Der einzige Spiegel, der sich nicht als Zerrspiegel erwies, war bisher derjenige, der dem Hegel'schen System von Feuerbach vorgehalten wurde. Wie positionieren wir uns selbst in einer kritischen Bespiegelung dieses Denksystems?

W Vielleicht sollten wir mit unserer Kritik an Hegel als Gymnasiallehrer beginnen: Das Diktat war sicher nicht die beste Methode, um die schwer zu verstehenden Konstruktionen seiner Philosophie an den Mann zu bringen. Nicht ohne Grund trägt sein Privatgutachten für Niethammer den Titel »Über den Vortrag der Philosophie auf Gymnasien« – »Vortrag«, nicht »Unterricht« und erst recht nicht »Unterrichtsgespräch«.

R Schon beim ersten Lesen bin ich über folgenden Satz gestolpert: »Der Jugend muss zuerst das Sehen und Hören vergehen, sie muss vom konkreten Vorstellen abgezogen, in die innere Nacht der Seele zurückgezogen werden.« Seine Diktate waren nichts anderes als Versuche, diese »innere Nacht der Seele« ausschließlich mit den Begriffen seiner spekulativen Philosophie zu erleuchten – wobei mit »Seele« der unmittelbare oder natürliche Geist gemeint ist, der sich über das Bewusstsein zum selbstbewussten Geist entwickelt.

W Statt Philosophie am Beispiel der Klassiker von Sokrates bis Kant vorzustellen und diskutieren zu lassen, diktierte Hegel die Begriffe seines eigenen Systems. Wir haben die Diktate ja wortgetreu wiedergegeben und als virtuelle Schüler immer wieder gestaunt, wie wenig Widerspruch sich erhob. Denn Hegels »Anstrengung des Begriffs« war für seine Schüler eine »Zumutung des Begriffs«.

8. Hegel im (Zerr-)Spiegel seiner Kritiker

R Hinzu kam die Verwendung des dialektischen Schemas in einer gebetsmühlenhaften Wiederholung. Sie hat nicht das selbständige Mit- und Weiterdenken befördert, sondern das sture Auswendiglernen. Umso mehr wundern wir uns darüber, wie viel dennoch hängengeblieben zu sein scheint.

W Vom Unterricht zum System Hegels übergehend, können wir uns die Kritik Feuerbachs ohne Einschränkung zu eigen machen: Der Dreh- und Angelpunkt des Systems der spekulativen Philosophie – der »konkrete Begriff« – ist eine genuin theologische Konstruktion.

R Was wir bei unseren virtuellen Besuchen im Nürnberger Klassenzimmer und im Berliner Hörsaal erlebt haben, war die Geburt der Philosophie aus dem Geist der Theologie.

W Wenn wir die Weltgeschichte mit Hegel als Fortschritt im Bewusstsein der Freiheit begreifen: Wie ist diese Geburt dann im Gang der Philosophiegeschichte zu beurteilen?

R Dialektisch: Platons substanzontologische Metaphysik der Ideen wurde zunächst durch Kants transzendentalphilosophische Metaphysik der reinen Vernunft abgelöst und diese dann durch Hegels theologische Metaphysik des absoluten Geistes.

W Kantianer können darin keinen Fortschritt erkennen. Und die Hegelianer sind gespalten.

R Henning Ottmanns Urteil lautet: »Hegels Philosophie ist objektiv ambivalent. Die Spaltung der Schule in eine linke und eine rechte ist bei Hegel selbst angelegt. Man kann seine Philosophie deuten als eine das Christentum noch einmal bewahrende Ursprungsphilosophie oder als die bisher unerhörteste Verweltlichung, welche die Weltgeschichte zum Jüngsten Gerichte werden lässt.«

W Mit Feuerbach überzeugt uns nur die erste Deutung. Sie stellt im ideengeschichtlichen Prozess einer Emanzipation der Philosophie von der Theologie allerdings einen Rückschritt dar. Der Fortschritt beginnt für uns erst mit der Ablösung des Systemdenkens durch das Strukturdenken. Das ist Thema des letzten Kapitels.

9. Struktur statt System

R Am Ende unserer Erzählungen stellen wir uns die Frage, ob Hegel als reiner Systemdenker zu betrachten ist oder ob sein Werk Ansätze des Strukturgedankens enthält.

W Um diese Frage beantworten zu können, erscheint es mir angebracht, den Unterschied zwischen System und Struktur zu skizzieren und dazu auf die »Strukturontologie« Heinrich Rombachs zurückzugreifen.

R Er kennzeichnet dort spezifische Aspekte des Systemdenkens: »Fixationen markieren das System als bloßes System: fixe Elemente, fixiertes Gesetz, fixiertes Bedeutungsfeld ... Das Gesetz ist der ›Zweck‹ des Systems, oder der Grund seiner ›Zweckmäßigkeit‹.«

W Aufgrund der Fixation fehlt dem System die innere Dynamik. Seine einzelnen Elemente werden in Geschlossenheit zusammengehalten. Das Ende, das Ziel, ist im Anfang schon verborgen enthalten. Der Denkprozess stellt ein Offenbarwerden dessen dar, was am Anfang noch verborgen ist. In bestimmten logischen Schritten strebt er notwendig auf dieses Ziel zu und erreicht damit sein Ende.

R Rombach erklärt: »Ein System kann darum immer als eine Teleologie gefasst werden. Wo der Teleologiegedanke zugrunde gelegt werden kann, liegt ein System vor.«

W Geschichtlich gesehen entwickelt sich methodische Wissenschaft als System beginnend mit der Konzeption Johannes Keplers, das Firmament als Planeten-System zu begreifen. Der Systemgedanke beherrscht nachfolgend die wissenschaftliche Methode. Daher wird die Natur als solche zum System. Naturwissenschaft entwickelt sich als systematische Disziplin. Aber auch in der Philosophie greift das Systemdenken.

R So konstruiert Kant seine Philosophie als systematische Architektur. Ein Blick in die »Kritik der reinen Vernunft« und die »Kritik der Urteilskraft« bestätigt Rombachs Charakterisierung des Systemdenkens. Ausgewählte Kapitelüberschriften sprechen für sich: »Von

9. Struktur statt System

der Philosophie als einem System« und »Von dem letzten Zwecke der Natur als eines telelogischen Systems«.

W Es dürfte anzunehmen sein, dass Hegel in dieser Denktradition steht.

R Dies wird von Rombach bestätigt: »Das System wird als System erst durch Hegel bewusst.« Aber: »Hegel denkt das System (wie Spinoza) ... in ›Entwicklung‹. Dadurch wird ein Schritt zur Dynamik getan ...«

W Mit diesem Urteil Rombachs wird bereits das entscheidende Kriterium benannt, welches das Strukturdenken bestimmt: Es kommt wesentlich auf eine Dynamik des Prozesses an.

R Bei dieser ersten Unterscheidung wollen wir es zunächst belassen; nun gilt es, auf weitere Struktur-Merkmale einzugehen, die wir Rombachs Werk »Strukturontologie« entnehmen.

W Struktur »ist durch Autogenese gekennzeichnet, durch den Selbstaufbau, der seinen Durchbruch ... seinen Höhepunkt und seinen Untergang hat. Diesen Prozess nennt man gemeinhin ›Leben‹, er ist aber nicht nur die Geschehensform der ›Lebewesen‹, sondern des ›Seienden‹ insgesamt.«

R Der Begriff »Dynamik« lässt sich durch »Werden« ersetzen. Aber dieses ist nicht auf einen Grund oder eine bestehende Ursache zurückzuführen. Autogenese ist als Selbsterzeugung der je eigenen Möglichkeiten des Werdens zu begreifen.

W Struktur unterscheidet sich von System vor allem durch die innere Kreativität der Selbstkonstitution. Sie unterliegt nicht wie das System einer gesetzmäßigen Notwendigkeit. Keine Teleologie bestimmt das Geschehen des Werdens. Daher ist Offenheit ein entscheidendes Kriterium. Wo diese verloren geht, erstarrt Struktur zum System.

R Rombach spricht pointiert von der »Gesetzlosigkeit der Struktur«, die sich systematischer Notwendigkeit widersetzt. »Wo im System Notwendigkeit waltet, ist Struktur auf ›Findung‹, Selbstkorrektur und Steigerung (Gelingen) bezogen.« Rombachs Hinweis auf Hegel als Vollender des Systemdenkens folgen wir insofern, als wir zunächst Hegels Selbstverständnis untersuchen. Bestimmte Aspekte des Systemdenkens finden wir in der Vorrede der »Phänomenologie des Geistes«.

9. Struktur statt System

W Wir stellen ausgewählte Zitate, zunächst unkommentiert, daraus zusammen:

»Unter mancherlei Folgerungen, die aus dem Gesagten fließen, kann diese herausgehoben werden, dass das Wissen nur als Wissenschaft oder als System wirklich ist und dargestellt werden kann.«

»Ein Philosophieren, das sich nicht zum System konstruiert, ist eine Flucht vor den Beschränkungen – mehr ein Ringen der Vernunft nach Freiheit als reines Selbsterkennen derselben.«

»Es ist das Werden seiner selbst, der Kreis, der sein Ende als seinen Zweck voraussetzt und zum Anfange hat und nur durch die Ausführung und sein Ende wirklich ist.«

»Das Ziel aber ist dem Wissen ebenso notwendig als die Reihe des Fortganges gesteckt ... Der Fortgang zu diesem Ziele ist daher auch unaufhaltsam, und auf keiner früheren Station ist Befriedigung zu finden.«

R Noch deutlicher stellt Hegel den Systemgedanken in der »Enzyklopädie der philosophischen Wissenschaft im Grundrisse« dar, die 1817 in Heidelberg erschienen ist. Wir erinnern uns, dass Hegel die »Grundlinien« bereits in Nürnberg entwickelte. Darin beginnt er einleitend: »Worauf ich überhaupt in meinen philosophischen Bemühungen hingearbeitet habe und hinarbeite, ist die wissenschaftliche Erkenntnis der Wahrheit.«

W Wenn »wissenschaftliche Erkenntnis« als systematisches Erkennen zu verstehen ist, dann spricht Hegel damit den Systemgedanken an. Dies geht aus § 14 eindeutig hervor: »Ein Philosophieren ohne System kann nichts Wissenschaftliches sein ... Ein Inhalt hat allein als Moment des Ganzen seine Rechtfertigung ...«.

R Und in § 15 führt er aus: »Das Ganze stellt sich daher als ein Kreis von Kreisen dar, deren jeder ein notwendiges Moment ist, so dass das System ihrer eigentümlichen Elemente die ganze Idee ausmacht, die ebenso in jedem einzelnen erscheint.«

W Aus diesen Zitaten geht klar hervor, dass Hegel sich als Systemdenker begreift: Notwendigkeit der logischen Bewegung, die kreisförmige Geschlossenheit der Einzelelemente zu einem Ganzen, Anfang und Ende bilden einen festen Zusammenhang, Gesetzmäßigkeit durch den immanenten Zweck sind Kennzeichen des Systemdenkens.

9. Struktur statt System

R Wie steht es aber mit dem Hinweis Rombachs, Hegel habe »einen Schritt zur Dynamik« des Denkens getan. Gibt Hegels Denken nicht vielleicht mehr her als nur einen Schritt?

W Ich will in diesem Zusammenhang an das Diktum Nietzsches zu Hegels Denken erinnern: »Ohne Hegel kein Darwin.« Damit erhalten wir einen Wink, zu prüfen, ob Hegels Denken möglicherweise den evolutionären Grundgedanken entwickelt und er damit das eigentliche Systemdenken überschreitet.

R Werfen wir einen kurzen Blick in Hegels Vorrede zur »Phänomenologie des Geistes«:

»Um zum eigentlichen Wissen zu werden oder das Element der Wissenschaft, das ihr reiner Begriff selbst ist, zu erzeugen, hat es sich durch einen langen Weg hindurchzuarbeiten.«

»Die Gedanken werden flüssig, indem das reine Denken, diese innere Unmittelbarkeit, sich als Moment erkennt, oder indem die reine Gewissheit seiner selbst von sich abstrahiert, – nicht sich weglässt, auf die Seite setzt, sondern das Fixe ihres Sichselbstsetzens aufgibt, sowohl das Fixe des reinen Konkreten ... als das Fixe von Unterschiedenen ... Durch diese Bewegung werden die reinen Gedanken Begriffe und sind erst, was sie in Wahrheit sind, Selbstbewegungen, Kreise, das, was ihre Substanz ist, geistige Wesenheiten.«

»Es ist der Prozess, der sich seine Momente erzeugt und durchläuft, und diese ganze Bewegung macht das Positive und seine Wahrheit aus.«

»Der Satz soll ausdrücken, was das Wahre ist, aber wesentlich ist es Subjekt; als dieses ist es nur die dialektische Bewegung, dieser sich selbst erzeugende, fortleitende und in sich zurückgehende Gang.«

R In der Vorrede werden schon wichtige Begriffe genannt, die für eine Struktur maßgebend sind: Aufgabe des Fixen, Prozessdenken, dialektische Bewegung, Selbsterzeugung.

W Doch stehen diese Begriffe im geistigen Horizont des Strukturdenkens? Um dies beurteilen zu können, sollten wir uns noch intensiver mit Hegels Denken auseinandersetzen.

R Einverstanden. Hegels Grunderkenntnis entwickelt er bereits in der »Phänomenologie«. Dort zeigt er, dass sich die Bewusstseinsformen in einem generativ-sukzessiven Prozess bilden. Dieser Prozess des Zusichkommens des Geistes hat die Form der Selbsterkenntnis.

9. Struktur statt System

W Dazu folgendes Zitat: »In dieser Selbstproduktion der Vernunft gestaltet sich das Absolute in eine objektive Totalität, die ein Ganzes, in sich selbst getragen und vollendet ist, keinen Grund außer sich hat, sondern durch sich selbst in ihrem Anfang, Mittel und Ende begründet ist.«

R In der »Phänomenologie« konzipiert Hegel Bewusstsein bzw. Vernunft in der Weise generativer Selbstproduktion als Zusichkommen des Geistes. Diese prozess-logische Konzeption wird dann auch tragend für die »Logik«. Nicht nur das Bewusstsein bildet sich in einem Prozess, sondern das Sein selbst ist logisch und organisiert sich generativ.

W In der entsprechenden Fortsetzung seines Schaffens heißt es in der »Logik«: „ Die Selbstbewegung der reinen Gedanken ist ihr geistiges Leben und ist das, wodurch sich die Wissenschaft konstituiert und dessen Darstellung sie ist.«

R Weiter heißt es: »Die logischen Gedanken sind ... der an und für sich seiende Grund von allem.« Das bedeutet: »Die Entwicklung alles natürlichen und geistigen Lebens« beruht »auf der Natur der reinen Wesenheiten, die den Inhalt der Logik ausmachen«.

W Dieser Satz sollte uns stutzig machen. Alle Seinssphären, Natur, Geist und selbst Geschichte, sind »Weisen der Idee ... sich zu manifestieren«. »Auch die äußere Natur, wie der Geist, ist ... eine Darstellung der Idee.« Das Logische bildet die Matrix für alles Reale, zu dem Natur und Geist gehören.

R Für Hegel war es unvorstellbar, dass das Geistige aus dem Materiellen, der Natur, hervorgehen könnte. Den vorfindlichen Dualismus zwischen Natur und Geist versuchte er dadurch zu überwinden, die Natur als eine Erscheinungsweise der Idee zu begreifen. Natur ist »eine der Weisen der Idee ... sich zu manifestieren«, denn auch »die äußere Natur, wie der Geist, ist eine ... Darstellung der Idee«.

W Geschichtlich gesehen hat der Geist »die Natur zu seiner Voraussetzung, deren Wahrheit und damit deren absolut Erstes er ist. Natur und Geist sind prozesslogisch durch die Idee verbunden.« Hegel erklärt, »dass das Hervorgehen des Geistes aus der Natur nicht so gefasst werden darf, als ob die Natur das absolut Unmittelbare, Erste, ursprünglich Setzende, der Geist dagegen nur ein von ihr Gesetztes wäre; vielmehr ist die Natur vom Geist gesetzt und dieser ist das absolut Erste.« Ein Fundamentalismus des Geistes bzw. der Idee ist unverkennbar.

9. Struktur statt System

R Der logische Prozess findet seine Vollendung und damit sein Ende im absoluten Geist. Aber: »...das absolute Prius ist die Idee; dieses absolute Prius ist das Letzte, der wahre Anfang, das Alpha ist das Omega.« Der Prozess beginnt bei Hegel nicht ab ovo. Es liegt ihm die noch unentwickelte Idee voraus.

W Hegel hat trotz seines Entwicklungskonzepts die Statik des Systems noch nicht völlig überwunden, insofern er dem Modell verpflichtet ist, dass nur jenes etwas werden kann, das in irgendeiner Vorform schon gegeben ist. Die Idee hat Ewigkeitscharakter; sie macht den Anfang aus und gewinnt sich am Ende als absolutes Wissen.

R Hegel »fehlten die heute verfügbaren Modelle beispielsweise der Selbstorganisation oder der Autopoiesis, die zu verstehen erlauben, wie eine neue Struktur sich bilden kann, ohne vorher schon angelegt gewesen zu sein«, schreibt Wolfgang Welsch.

W Insofern der logische Prozess zielgerichtet war, notwendig auf ein Ziel zustrebt, ist er teleologisch konzipiert, wodurch Hegels Konzeption nicht dem originären Strukturdenken entspricht.

R Dieses Zieldenken entfaltet Hegel besonders in den »Vorlesungen über die Philosophie der Geschichte«. Er geht von dem Glauben aus, »dass die Welt der Intelligenz und des selbstbewussten Wollens nicht dem Zufalle anheimgegeben sei, sondern im Lichte der sich wissenden Idee sich zeigen müsse«.

W »Der Fortschritt im Bewusstsein der Freiheit« ist ein »Fortschritt, den wir in seiner Notwendigkeit zu erkennen haben«. Auch die Geschichte ist bei Hegel teleologisch konzipiert. Ziel dieses notwendigen Geschichtsprozesses ist die Freiheit.

R Hegel spricht wörtlich von der Freiheit als »Endzweck der Welt«. »Dieser Endzweck ist das, worauf in der Weltgeschichte hingearbeitet worden« ist.

W Strukturen sind offen, sie unterliegen weder einer Notwendigkeit noch einem in irgendeiner Weise vorgegebenen Ziel.

R Wenn Nietzsche einen Zusammenhang zwischen Hegel und Darwin zu sehen glaubt, dann liegt das Verbindende wohl im Prozesscharakter des Geschehens. Das Zauberwort heißt »Werden«. Darwin erkennt, dass die bestehenden organischen Formen nicht unveränderlich sind, sondern dass sie sich aus Vorformen entwickeln.

9. Struktur statt System

W Diese Entwicklung erkennt Darwin im Unterschied zu Hegel jedoch nicht als notwendig. Außerdem hat dieser Entwicklungsprozess kein bestimmtes Ziel, auf das er zustrebt, er ist vielmehr unbestimmt und daher offen.

R Darwin lehnt eine wie immer gerichtete Höherentwicklung ab. »In der Variabilität organischer Wesen und in ihrem Vorgang natürlicher Selektion scheint uns nicht mehr Planung zu stecken als in der Richtung, aus der der Wind bläst.«

W Im Lichte Darwins Konzeption einer biologischen Konzeption konnte sich der Strukturgedanke entwickeln. Nach den Forschungen Rombachs in »Substanz, System, Struktur« sind die philosophischen Wurzeln des Strukturgedankens bei Nicolaus von Kues und Blaise Pascal zu finden.

R Auch wenn Hegel als Prozessdenker zu begreifen ist, überwindet sein Denken nicht den Systemgedanken. Rombach anerkennt, dass Hegel Bewegung in das System bringt, aber diese ist »nicht autonom, sondern entelechial verfasst ... Es folgt eine Bewegung, aber nur ›innerhalb‹ des Systems und ›unter‹ dem Gesetz, das von Anfang an (›an sich‹) besteht und unverändert bleibt«.

W Gegenüber dem System meint Struktur »all das, was in der Weise wird, dass es erst durch sein Werden zu dem wird, was das wird. Das Werden ist also weder Entwicklung noch Entfaltung, noch auch sonst ein Geschehen ›an‹ einem Gegebenen.«

R Es zeigt sich, »dass es für Strukturen keine Entelechie, kein ›an sich‹ und keine ›Entwicklung‹ geben kann, vor allem sind sie auch niemals ›Resultat‹, da sie an jeder Stelle ihres Werdens im vollgültigen Sinn ›am Ende‹ sind ...«.

W Das Ganze findet bei Hegel erst am Ende seine Erfüllung. Von einer Struktur sprechen wir dann, »wenn sich das Ganze in jedem Einzelnen wiederfindet. Das Ganze steht also nicht über dem Einzelnen, sondern befindet sich in diesem«, und zwar in jeder Phase der Strukturbildung.

R Dazu noch einmal Rombach: »Die ›Ganzheit‹ der Struktur ist auf Konkretion gestellt; sie geht nicht dem Einzelnen ›vorweg‹, sie ›ergibt‹ sich auch nicht aus den Einzelheiten; sie bindet sich in der Weise an sie, dass beides, Ganzheit und Einzelheiten, zu einer (ontologischen) Einheit wird: Identität.«

W Während Hegels System die Systematik der Bewegung bzw. des Prozesses dialektisch konzipiert, wobei der Widerspruch, Negation,

9. Struktur statt System

als kreatives Moment spekulativ aufgehoben wird, ist die Struktur nicht auf die dialektische Mechanik angewiesen. Strukturen bewegen sich unter anderem nach dem Prinzip der Korrektur, Selbstkorrektur und Rekonstitution.

R Der logische Gang des Werdens kann aufgrund immanenter Notwendigkeit nicht scheitern. Strukturen sind hingegen auf »Finden« und »Gelingen« gestellt. Statt Notwendigkeit dynamisieren sich Strukturen durch Konsequenz. »Die Konsequenz ist das Kriterium der Korrektur.«

W Durch Korrektur können Strukturen auf höhere Niveaus gehoben und dadurch gesteigert werden. »Wo Steigerung gelingt, entwickelt sich aus dem allseitigen Korrekturgeschehen eine Potenz, die weder von außen einströmt, noch von einem Einzelmoment mitgebracht wird.« Es hebt sich gleichsam die Struktur selbst, die als solche in einem jeden Moment tätig wird.

R Während Rombach die Ontologie der Struktur von der Ontologie des Systems unterscheidet und sich das Werk auch wie eine Art »Strukturtheorie« lesen lässt, findet man den Strukturgedanken in der »Strukturanthropologie« durchweg konkretisiert.

W An einem Beispiel wollen wir dies verdeutlichen. Wenn der Mensch als Struktur in Bewegung ist, kann es kein fixes Ich geben, sondern nur »bewegte« Formen von Ich. Das heißt, dass wir erstens nicht ein Ich »haben« und zweitens nicht »ein« Ich sind, sondern viele Iche, die sich struktural in Bewegung konstituieren. Daher ist von »Multipersonalität« zu sprechen.

R Im Licht des Strukturgedankens ist alles Lebendige als Struktur verfasst; insofern kann die Natur als Paradigma für Selbstkreation verstanden werden. Dieses Paradigma lässt sich aus Darwins Konzeption der Evolution ableiten.

W Die radikalere bzw. konsequente Vorstellung des Evolutiven endet, wie wir heute wissen, nicht bei den ersten Lebewesen, sondern Evolution ist letzten Endes kosmisch zu begreifen. Nach verbreiteter Auffassung beginnt sie mit dem »Big Bang«. Dann findet diese universale schöpferische Genese ihren Ur-sprung im Nichts. Folglich ist alles strukturalgenetisch verfasst. »Alles ist ›geboren‹, auch die Sterne, auch die Materie, auch der Stein. Darum ist überall Konkreativität am Werk.« Aber auch Sterne erlöschen und nehmen Teil am kosmischen Werden und Vergehen.

9. Struktur statt System

R Der Kosmos – eine geradezu unendliche Struktur von Strukturen, von Hervorgang, Umgestaltung und Neuwerdung. Struktural gesehen, gehört der Mensch nicht nur zur Erde, sondern zum Kosmos – ist er doch aus Sternenstaub.

W Der Strukturgedanke befreit die Philosophie aus der Fixierung des Denkens. Der Anblick der Milchstraße erweckt das Bild großer, nahezu unendlicher Geschlossenheit. Selbst ein so genialer Physiker wie Albert Einstein wollte noch an einem invarianten, stationären Universum festhalten, obwohl seine Gleichungen etwas anderes ergaben.

R Insofern war er noch vom Systemgedanken gefangen. Aber mit der Konzeption eines expandierenden Universums und der damit verbundenen permanenten »Kreation« der Raum-Zeit hat der Strukturgedanke das allgemeine Bewusstsein erreicht.

W Das soll hier als prinzipielle Feststellung genügen.

Literatur

Cobben, Paul (Hrsg.), Hegel-Lexikon, Darmstadt 2006.

Darwin, Charles, Die Entstehung der Arten durch natürliche Zuchtwahl, Stuttgart 1995.

Feuerbach, Ludwig, Das Wesen des Christentums, Stuttgart 2002.

Feuerbach, Ludwig, Grundsätze der Philosophie der Zukunft, Frankfurt a. M. 1967.

Glaser, Hermann, Georg Wilhelm Friedrich Hegel, Weltgeist in Franken, Gunzenhausen 2008.

Gröschner, Rolf / Mölkner, Wolfgang, Funkenflug. Zündende Gedanken europäischen Geistes, Bonn 2021.

Gröschner, Rolf / Mölkner, Wolfgang, »Ich weiß, dass ich nichts weiß«. Fatale Fehldeutungen philosophischer Klassiker, Baden-Baden 2023.

Gröschner, Rolf / Mölkner, Wolfgang, Freiheitsdialog. Philosophische Gespräche über wahre und falsche Freunde der Freiheit, Basel / Nürnberg 2023.

Haym, Rudolf, Hegel und seine Zeit, Berlin 1857.

Hegel, Georg Wilhelm Friedrich, Sämtliche Werke, Jubiläumsausgabe in zwanzig Bänden, herausgegeben von Hermann Glockner, Stuttgart 1941 ff.

Hegel, Georg Wilhelm Friedrich, Briefe von und an Hegel, herausgegeben von Johannes Hoffmeister, Rolf Flechsig, Friedhelm Nicolin, Band 1, 1785–1812, Hamburg 1952, Band 2, 1813–1822, Hamburg 1953.

Hegel, Georg Wilhelm Friedrich, Nürnberger Schriften, in: nuernbergerenzyklopaedie.abcphil.de. Abgerufen am 01.02.2023.

Huber, Ernst-Rudolf, Verfassungsrecht des Großdeutschen Reiches, Hamburg 1939.

Kant, Immanuel, Gesammelte Schriften, herausgegeben von der Königlich Preußischen Akademie der Wissenschaften, Berlin 1902 ff.

Kaube, Jürgen, Hegels Welt, Berlin 2020.

Larenz, Karl, Grundfragen der neuen Rechtswissenschaft, Berlin 1935.

Luther, Martin, Von der Freyheit eynes Christenmenschen, herausgegeben von Jobst Schöne, Neuendettelsau 2020.

Mölkner, Wolfgang / Gröschner, Rolf, Zweck, Ziel, Zufall. Dialog über die Entwicklung evolutiven Denkens, Baden-Baden 2022.

Literatur

Niethammer, Friedrich Immanuel, Der Streit des Philanthropismus und Humanismus in der Theorie des Erziehungs-Unterrichts unserer Zeit, Jena 1808.

Nietzsche, Friedrich, Die fröhliche Wissenschaft, Stuttgart 2000.

Ottmann, Henning, Individuum und Gemeinschaft bei Hegel, Berlin 1977.

Popper, Karl, Die offene Gesellschaft und ihre Feinde, Tübingen 2003.

Rombach, Heinrich, Strukturontologie. Eine Phänomenologie der Freiheit, Freiburg / München 1971.

Rombach, Heinrich, Strukturanthropologie. Der menschliche Mensch, Freiburg / München 1987.

Rousseau, Jean-Jacques, Du Contrat Social. Vom Gesellschaftsvertrag, Französisch / Deutsch, herausgegeben von Hans Brockard, Stuttgart 2010.

Siep, Ludwig (Hrsg.), G. W. F. Hegel: Grundlinien der Philosophie des Rechts, 3. Aufl. Berlin 2014.

Stekeler-Weithofer, Pirmin, Subsumtion bei Hegel, in: Gottfried Gabriel / Rolf Gröschner (Hrsg.), Subsumtion, Tübingen 2012, S. 43–71.

Vieweg, Klaus, Das Denken der Freiheit, München 2019.

Welsch, Wolfgang, Homo mundanus. Jenseits der anthropischen Denkform der Moderne, Weilerswist 2012.

Welsch, Wolfgang (Hrsg.), Das Interesse des Denkens. Hegel in heutiger Sicht, München 2003.